RASEN

Blumenwiese

blv garten *plus*

Robert Sulzberger

RASEN
Blumenwiese

Anlegen und Pflegen

blv

Inhalt

Der grüne Gartenteppich

Wer mit Rasen nur ungeliebte Mäharbeiten assoziiert, der unterschätzt seinen Wert. Mancher verwirklicht gerade hier seinen gärtnerischen Ehrgeiz. Und wieder andere wissen einfach, dass der grüne Teppich als Spiel- und Ruheraum für Jung und Alt das Herz des Gartenlebens bildet.

Was wäre ein Garten ohne eine Spielwiese, auf der sich der Nachwuchs nach Lust und Laune austoben kann?

Vom Wert des Rasens

Wenn eine junge Familie ihr neues Eigenheim bezieht und dabei vom Garten träumt, dann stellt sich der Vater vielleicht attraktive Blüten vor und die Mutter selbst angebautes Obst und Gemüse; oder umgekehrt. Dass diese Bereiche in der Regel durch einen beruhigenden grünen Rahmen verbunden werden sollten, daran denken am Anfang die Wenigsten. Zum Liegen und Ausruhen tut's zur Not schließlich auch die Terrasse.
Aber spätestens wenn der Nachwuchs den Raum vor der Terrassentüre erkrabbelt, wird der Wert eines Rasens erkennbar: als idealer Untergrund für Lauf-, Ball- und Geschicklichkeitsspiele aller Art, zum Rangeln und Toben, natürlich gefedert und geschützt vor rascher Verschlämmung.
In anderen Gartenkulturen, aber ebenso bei zahlreichen engagierten Gärtnern in unseren Landen hat der Rasen auch ohne spielende Kinder eine wichtige Bedeutung: Der intensiv gepflegte »englische« Rasen zeigt schon im Namen, woher die Leidenschaft für eine einheitlich saftig grüne, bürstendichte Grünfläche kommt. Als Gestaltungselement im Vorgarten kann der Gartenbesitzer mit einer akkuraten Rasenfläche eine entsprechende Visitenkarte abgeben.

◀ Der Rasen in einheitlich frischem Grün bietet dem Auge in der Vielfalt von Pflanzenformen und -farben Erholung – und einen speziellen ästhetischen Genuss.

Das Auge wird durch nichts so sehr erquickt wie durch weiches, feines, nicht zu hohes Gras.
Albertus Magnus, um 1250

Rasen oder Wiese?

An dieser Stelle sollten wir diese Begriffe deutlich voneinander unterscheiden: Eine **Blumenwiese** besteht aus einer dem Standort angemessenen Gesellschaft aus Blumen, Gräsern und Kräutern. Die Vielfalt an Blüten zieht auch eine Vielfalt tierischer Lebensformen an. Zum Spielen und Toben ist sie kaum geeignet. Im **Rasen** dagegen wachsen ausschließlich Gräser, die mehr oder weniger strapazierfähig sind. Und wo keine Blüten sind, können Kinder auch barfuß herumlaufen, ohne Gefährdung, von Bienen gestochen zu werden.
Für Kulturrasen werden keine horstbildenden Arten verwendet, sondern solche mit kriechenden Trieben oder Ausläufern, die sich auf diese Weise flächig ausbreiten. Eine ambitionierte Rasenpflege stellt in mehrfacher Hinsicht das Gegenteil von naturgemäßem Gärtnern dar.

Wellness im Garten: So erfreut der Rasen nicht nur das Auge, sondern auch den Geist und den restlichen Körper.

Denn der einheitliche Bewuchs in künstlich kurz gehaltener Form lässt sich nur erzielen durch aufwändige Pflege unter Einsatz von Maschinen sowie mineralischen Dünge- und manchmal Pflanzenschutzmitteln.

Verschiedene Funktionen

Die Gestaltung der grünen Freifläche hängt nicht nur vom gewünschten Stil ab, sondern zu einem großen Teil von der Nutzung. Die kann von Hausgarten zu Hausgarten unterschiedlich sein.

Zierrasen

Ein Zierrasen sollte möglichst wenig betreten werden und in erster Linie das Auge erfreuen. Für Familien mit Kindern oder Hunden ist diese Art von Repräsentationsgrün daher ungeeignet.
Um dieses Ziel zu erreichen, ist guter Gärtnerrat teuer – im wahrsten Sinne des Wortes. Denn in die perfekte Betreuung der wenigen grünen Zentimeter über dem Boden kann der Rasenfreund viel Geld stecken – vom Saatgut über Dünger und Unkrautmittel bis hin zu verschiedenen Werkzeugen, die er für die fachgerechte Pflege braucht.
Natürlich nehmen die zahlreichen Mähgänge und andere Maßnahmen auch eine Menge Zeit in Anspruch. Und dennoch ist man oft mit dem Ergebnis unzufrieden. Die Gründe dafür liegen bei einigen zentralen Punkten, die ab Seite 73 behandelt werden. Doch schon bei Planung und Anlage lassen sich entscheidende Fehlerquellen ausschalten.

Sportrasen

Nicht weniger anspruchsvoll ist ein Sportrasen, weil er auch nach intensiver Nutzung noch eine vorzeigbare Grünfläche

Überblick: Rasenarten

Typ	Ort bzw. Nutzung	Erscheinungsbild	Belastbarkeit	Pflegebedarf
Zierrasen	Hausgarten, repräsentativ	Dichter, einheitlicher, also perfekter Teppich aus zarten Halmen	Gering	Hoch
Gebrauchs-, Spielrasen	Hausgarten, Gemeinschaftssiedlungen, »Vielzweckrasen«	Relativ einheitlich, aber nicht so fein und perfekt	Mittel, trockenheitsverträglich	Mittel bis hoch
Strapazier-, Sportrasen	Sportplätze, intensiv genutzte Liegewiesen	Eher grobe Blätter, wintergrün	Ganzjährig hoch	Hoch
Landschaftsrasen	Große Freiflächen, Straßenränder	Uneinheitlich	Mittel, anpassungsfähig	Gering

Aus dem Familiengarten sind Rasenflächen nicht wegzudenken. Sie erfüllen wichtige Funktionen, die erst die vielseitige Nutzung als Wohnzimmer im Freien ermöglichen.

bieten muss, und zwar ganzjährig; »strapazierfähig« ist das Zauberwort. Dafür müssen seine ästhetischen Eigenschaften nicht den ganz hohen Ansprüchen genügen.
Zu diesem Zweck braucht man vor allem robuste Grasarten, die sich gut regenerieren und durch intensive Ausläuferbildung etwaige Fehlstellen rasch wieder schließen können.

Gebrauchsrasen

Im Hausgarten werden wir es meist mit einer Zwischenform zu tun haben, denn selbst die aktivsten Kinder sind nicht jeden Tag bei jedem Wetter mit Stollenschuhen auf dem Rasen zugange. In den Gartencentern finden wir zu diesem Zweck Samenpackungen mit der Bezeichnung »Spielrasen«, »Allzweckrasen«, »Gebrauchsrasen« oder »Universalrasen«.

Diese Gräsermischungen müssen natürlich ebenfalls robust sein, aber nicht so belastbar wie ein Sportrasen; Fehlstellen sind notfalls nachzusäen. Außerdem hat die Pflegeleichtigkeit Vorrang gegenüber einer einheitlichen, feinen Grasnarbe.
Der ästhetische Wert dieses Rasens ist also beschränkt. Dafür kommen hier spielende Kinder ebenso zu ihrem Recht wie Gärtner, die dem Rasen lieber mit der Liege zu Leibe rücken als mit dem Mäher.

Landschaftsrasen

Bei größeren Rasenflächen, zum Beispiel in einem Park, kommt es darauf an, dass sie pflegeleicht sind und Trockenheit und andere Belastungen gut wegstecken.
Außerdem ist es wichtig, dass das Grün zu einem schönen Gesamtbild beiträgt; dagegen stört es weniger, wenn die Gräser im Detail nicht so dicht und einheitlich wachsen. In der Regel sind Klee und andere aus-

Auch in einer künstlich gestalteten Landschaft wie dem Nymphenburger Schlosspark spielt sich ein Großteil des Lebens auf den angelegten Grünflächen statt.

dauernde Kräuter sogar ein erwünschter Bestandteil solch einer möglichst ganzjährig grünen Pflanzendecke.
Der Landschaftsrasen bildet den Übergang zur bunt blühenden **Blumenwiese**. Dabei handelt es sich jedoch um eine Begrünungsform, die sowohl hinsichtlich der Nutzung als auch bei Anlage und Pflege anders zu behandeln ist als die bisher genannten Rasenarten. Siehe ab Seite 81.

An heißen Sommertagen zieht man sich gerne in den Schatten zurück. Rasenwuchs ist hier allerdings problematisch.

Besondere Standorte

Rasengräser sind in der Regel lichthungrige Pflanzen. Daher ist für den Zierrasen eine möglichst volle Besonnung wünschenswert. Wo dies durch angrenzende hohe Gehölze oder Mauern beeinträchtigt wird, muss man zu einer speziellen Samenmischung greifen und unter Umständen beim Erscheinungsbild Abstriche machen.

Schattenrasen

Das Problem ist weitgehend bekannt: Im Schatten dicht belaubter Bäume oder von Häusern bildet der Rasen nicht den erwünscht dichten Teppich. Die Gräser bestocken und bewurzeln schwächer, sie reagieren mit gestrecktem Wuchs, und Moose füllen die entstandenen Lücken – für Freunde des gepflegten Rasens ein enttäuschendes Bild.
Der Fachhandel bietet Samenmischungen von »Schattenrasen« an. Die Aussaat erfolgt bevorzugt im Herbst. Vor allem Rotschwingel-Sorten *(Festuca rubra)*, im Gebäudeschatten das Gemeine Straußgras *(Agrostis capillaris)* sowie bei feuchten Lagen Rispen-Arten *(Poa trivialis)* können sich halten. Im tiefen Schatten gedeihen allerdings auch jene Gräser nicht zufriedenstellend.
Am wichtigsten ist, dass man den Schattenrasen nicht zu häufig und auch nicht niedriger als 5 cm hoch mäht – also keinesfalls zu kurz! Auf übertriebene Düngung wird besser verzichtet. Wenn sich die flach wurzelnden Gräser im Regenschatten eines Gebäudes oder im konkurrierenden Wurzelbereich eines Gehölzes befinden, sollte man bei beginnender Welke intensiv beregnen (20 l/m^2).

Rasen am Hang

Auf einer geneigten Fläche herrschen andere Voraussetzungen für das Gedeihen der Gräser. Vor allem ist der oft nur dünne Mutterboden in Gefahr, von starken Niederschlägen abgeschwemmt zu werden. Ein dichter Wurzelfilz schützt gegen solche Erosionsverluste.
Schon bei der Anlage des Rasens macht sich dieses Problem bemerkbar. Es lässt sich elegant umgehen, indem man Rollrasen oder Rasensoden auslegt (siehe Seite 33).
Von der Dachbegrünung kommt ein Anspritzverfahren, bei dem die Samen in einen zähflüssigen Brei eingebettet sind, damit sie

In Hanglagen schützt der Rasen mit seinem Wurzelfilz vor Erosion. Diese Gefährdung besteht allerdings noch bei seiner Anlage, weshalb man hier häufig Rollrasen verlegt.

sich gleichmäßig verteilen und nicht fortgeschwemmt werden. Dieses Verfahren ist von einer spezialisierten Firma durchzuführen. Bei einer Neigung über 15 Grad empfiehlt es sich, Terrassen anzulegen oder das Gelände anderweitig gegen Abrutschen zu sichern.
Auch das Mähen ist in Hanglagen schwieriger. Ein Gerät mit eigenem Antrieb erleichtert die Arbeit.

Grasdächer

Angesichts unserer immer dichteren Bebauung werden flache Dächer, zum Beispiel von Garagen, gerne begrünt, weil dadurch die Gebäude natürlicher in den Garten integriert wirken und das Klima verbessert wird. Die Tragfähigkeit des jeweiligen Dachs und der Substrataufbau sind eine eigene Thematik, die Sie am besten unter der spezifischen Fachliteratur nachschlagen sollten.

Der Übergang zwischen einer Staudenpflanzung und einer Art Wiesengemeinschaft für solche Standorte ist fließend. Reine Gräsermischungen können hohe Anteile von Schafschwingel *(Festuca-ovina-* und *Festuca-rubra-*Formen) enthalten, auch Wiesenrispe *(Poa pratensis)* und Straußgras passen gut in Dachbegrünungen. Je nach Bedarf lassen sich Zusammensetzungen wählen, die man betreten darf, die auch in schattigen Lagen gedeihen oder die mit anderen Stauden bepflanzt werden können. Zusammen mit Weidelgras *(Lolium perenne)* bilden die genannten Arten belastbare Grasdächer, die man mehrmals jährlich mähen muss.

Die Möglichkeit der Begrünung beschränkt sich nicht nur auf den Erdboden: Auch auf nicht zu steilen Dächern gedeihen trockenheitsverträgliche Gräser.

Beim Rasenpflaster belässt man so große Fugen, dass die darin aufkeimenden Gräser einen freundlichen Anblick bieten.

Eine weitere Möglichkeit, befahrene Flächen grün erscheinen zu lassen: Rasengittersteine mit vorgeformten Wuchslücken.

Trockenrasen aus Kräutern
Für die extensive, niederwüchsige Begrünung von Dächern mit geringer Humusauflage sind überwiegend reine Kräutermischungen auf dem Markt, oft unter dem Begriff »Halbtrockenrasen«. Darin befinden sich unter anderem einige Lauch-, Nelken-, Klee- und Sedum-Arten. Solch eine Begrünung lässt sich bereits ab einer Substratstärke von 3 cm anlegen.

Als Alternative zu gepflasterten und geteerten Einfahrten kommt der so genannte Schotterrasen in Frage. Dieser Belag lässt sich relativ kostensparend anlegen und leicht pflegen. Allerdings wird der Bewuchs bei intensiver Befahrung der Fläche stark beeinträchtigt. Einzelheiten zur Anlage siehe Seite 39.

Sie benötigt wenig Pflege und muss nur bei relativ hoher Humusauflage gelegentlich geschnitten werden.
Auch zahlreiche Polster und Flächendecker kommen mit wenig Substrat aus, wie Günsel *(Ajuga)* und Gundermann *(Glechoma)*, Schein- *(Duchesnea)* und Walderdbeere, Katzenminze *(Nepeta)*, Feldthymian *(Thymus pulegioides)*, Storchschnabel *(Geranium sanguineum)*, Goldnessel *(Lamiastrum)*, Katzenpfötchen *(Antennaria dioica)*, Stachelnüsschen *(Acaena buchananii)* und Efeu.
Für eher **schattige Dachlagen** eignet sich die Pflanzengesellschaft eines silikatischen Schattenrasens. Auf saurem Substrat wachsen dabei Blumen und Kräuter wie Witwenblume *(Knautia)*, Labkraut *(Galium)*, Frauenmantel, Spitzwegerich oder Dost *(Origanum)*. Auch hierfür gibt es fertige Samenmischungen.

Begrünte Einfahrt

Mit etwas weniger Grün muss das Rasenpflaster auskommen: Hier beschränkt sich der Bewuchs auf die Fugen zwischen den Steinen beziehungsweise – bei speziellen Rasengittersteinen – auf die vorgegebenen Lücken. Dennoch entsteht aus der Distanz der Eindruck, die Grünfläche setze sich auch auf diesem befestigten Untergrund fort.
Vom Baulichen ist **Rasenpflaster** wie ein Pflasterbelag anzulegen. Meist werden Großpflaster-Natursteine verwendet. Nachdem der Boden etwa 50 cm ausgehoben ist, wird eine 35 cm starke Tragschicht eingefüllt und

immer wieder gestampft. Darüber kommt eine feine Splittschicht von 5 cm, in die man die Steine setzt.
Damit die Fugen gut bewachsen werden, sollten sie 3 bis 5 cm breit sein. Man füllt sie mit einem Erd-Sand-Gemisch und sät schließlich trockenheitsverträgliche Gräser ein. Zuvor wird die Fläche noch – schonend für die Steine! – mit einem Rüttler verfestigt.
Rasengittersteine werden in verschiedenen Formen aus Beton gegossen. Um einen befahrbaren Untergrund abzugeben, ist auch hier ein entsprechender Unterbau vorzusehen. Für die andauernde Nutzung wäre eine vollständig befestigte Wegdecke sinnvoller; auch als ständig benutzter Gehweg eignet sich dieser Belag weniger.
Die Steine sind in der Regel 10 bis 12 cm stark. Man legt sie in dichtem Verband auf eine 35 cm hohe, verfestigte Tragschicht und in 5 cm Auflage. Damit der Rand nicht absinkt, lohnt sich eine Randbefestigung, beispielsweise mit Betonleisten. Die Hohlräume füllt man nach dem Verlegen mit Erde oder einer Erd-Sand-Mischung bis zur Oberkante und sät wiederum trockenheitsverträgliche Gräser ein.

Gräser – das Haar der Erde

Die großen Familien der Süß- und Sauergräser sind mit annähernd 10.000 Arten fast überall auf der Welt heimisch und bilden am Meeresstrand und auf Berghängen, in Gewässern wie auf trockenen Steppen die unverwechselbare Wuchsdecke. Die schöne Formulierung »Haar der Mutter Erde« stammt von dem berühmten Gartenschriftsteller und Vater der deutschen Staudenzüchtung, Karl Foerster.
Entscheidende Eigenschaften für die Verwendbarkeit im Rasen sind die Schnittverträglichkeit, eine gute Anpassungsfähigkeit an unterschiedliche Standorte, ausreichende Winterhärte und eine gewisse Robustheit sowie dichtes Blattwachstum bei geringer Blütenbildung. Unterscheiden lassen sich die Gräser außerdem hinsichtlich der Feinheit und des Formats ihrer Blätter. Für die Rasenkultur in unseren Breiten eignen sich allerdings nur wenige Arten.

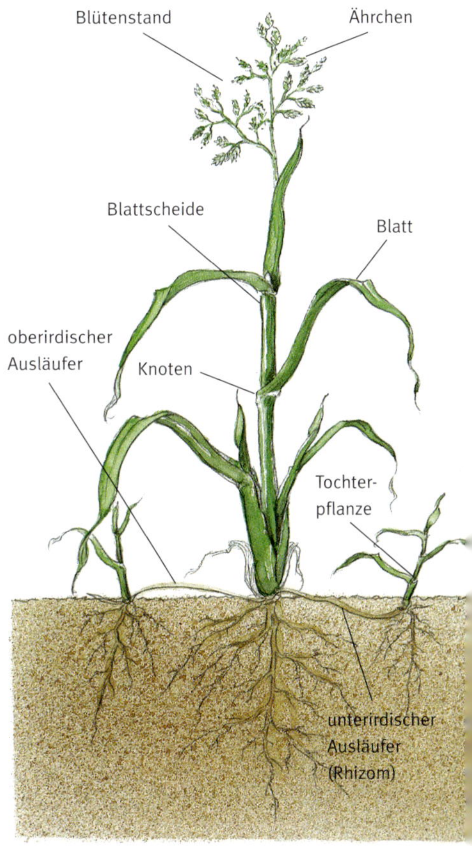

Was unterscheidet Gräser von den übrigen Pflanzen? In der Abbildung werden die typischen Pflanzenteile vorgestellt.

Die wichtigsten Rasengräser im Portrait

STRAUSSGRÄSER

Straußgräser gehören zu den feinsten Gräsern, die wir kennen. Sie sind relativ anspruchslos und bilden dichte, sehr feine Narben. Bevorzugt werden durchlässigere Böden.

Das Straußgras mit sehr feinen Halmen eignet sich sogar für Golfgreens.

Gemeines oder Rotes Straußgras *(Agrostis capillaris, Syn.: A. tenuis)*

Wuchs: Hell- bis sattgrüne, schmale Blätter, dichte Horste an ober- oder unterirdischen Ausläufern, ausdauernd.
Belastbarkeit: Robust, trittfest.
Pflege: Bevorzugt saure Böden; braucht gute Versorgung mit Wasser und Dünger; verträgt sehr tiefen Schnitt (bis 4 cm).
Verwendung: Zier- und Golfrasen, auch Landschaftsrasen.

Flecht-Straußgras *(Agrostis stolonifera)*

Wuchs: Feinblättrig; lange oberirdische Ausläufer.
Belastbarkeit: Robust, trittfest, konkurrenzstark.
Pflege: Verträgt sehr tiefen Schnitt (bis 3 cm).
Verwendung: In Zier- und Landschaftsrasen-Mischungen. Neue Sorten mit einer unübertroffenen Triebdichte sind derzeit der Maßstab für Golfgreens.

Hunds-Straußgras *(Agrostis canina)*

Wuchs: Sehr feine Blätter in Büscheln an oberirdischen Ausläufern.
Belastbarkeit: Trittfest.
Pflege: Bevorzugt feuchte (aber nicht staunasse!), saure, nährstoffarme Standorte. Verträgt sehr tiefen Schnitt (bis 3 cm) und leichten Schatten.
Verwendung: Zier- und Gebrauchsrasen, auch in Landschaftsrasen.

KAMMGRÄSER

Wiesen-Kammgras *(Cynosurus cristatus)*

Wuchs: Wächst sehr langsam, flache, dichte Horste, breite Blätter, hohe, zähe Blütenstängel, wintergrün.
Belastbarkeit: Nicht sehr konkurrenzstark und belastbar, trittfest.
Pflege: Bevorzugt frische, feuchte Standorte; nicht zu viel düngen und zu tief schneiden.
Verwendung: V. a. Mischungen für Spiel- und Sportrasen

SCHWINGEL-ARTEN

Rotschwingel *(Festuca rubra)*

Wuchs: Wächst langsam; feine, dunkelgrüne Halme, kurze Rhizome, horstartig dicht.
Belastbarkeit: Nicht so strapazierfähig wie Weidel- und Rispengras.
Pflege: Anpassungsfähig, natürlich auf nährstoffarmen, auch

Der Rotschwingel ist aufgrund seiner Ausgeglichenheit in praktisch allen Rasenmischungen vertreten.

trockenen Böden, schätzt dennoch Stickstoffdüngung; verträgt tiefen Schnitt bis 5 cm.
Verwendung: Zier-, Gebrauchs- und Landschaftsrasen.

- Der Horst-Rotschwingel *(F. r.* subsp. *commutata,* Syn.: *F. nigrescens)* zeigt feines Laub in dichten, niedrigen Horsten ohne Ausläufer.
- Der Ausläufer-Rotschwingel *(F. r.* subsp. *rubra)* schließt Lücken rasch mit langen, relativ groben Rhizomen. Hohe, aber nicht sehr dichte Triebe.
- Der Kurzausläufer-Rotschwingel *(F. r.* subsp. *trichophylla,* Syn.: *F. litoralis)* ist eine Zwischenform der vorgenannten Unterarten; feines Laub an kurzen Ausläufern trägt zu einer dichten Narbe bei.

Schafschwingel
(Festuca ovina)

Wuchs: Harte, borstige, aber feine Blätter, blau- bis graugrün, in niedrigen Horsten, die keine dichte Narbe bilden, da ohne Rhizome.
Belastbarkeit: Verträgt gut Trockenheit.
Pflege: Das anspruchsloseste unserer Gräser; verträgt aber mitunter Schnitt schlecht.

Der Schafschwingel ist die ideale Art für trockenen, extensiv gepflegten Rasen.

Verwendung: Landschaftsrasen-Mischungen für trockene Flächen, auch Gebrauchsrasen. Der Härtliche Schwingel *(F. o.* var. *duriuscula)* bevorzugt nährstoffarme, kalkreiche Böden und verträgt etwas Schatten.

Haar-Schafschwingel
(Festuca filiformis)

Wuchs: Feine, dunkelgrüne Blätter, dichte Horste; wächst langsam.
Belastbarkeit: Sehr trockenheitsresistent.
Pflege: Gut auf Sandböden, verträgt leichten Schatten.
Verwendung: Landschaftsrasen (auch im Schatten).

WEIDELGRÄSER

Deutsches Weidelgras
(Lolium perenne)

Wuchs: Sehr schnellwüchsig; breitblättrig, horstartig mit kurzen Kriechtrieben; lange, harte Blütenstängel, teilweise wintergrün.
Belastbarkeit: Das trittfesteste und konkurrenzstärkste unserer Rasengräser. Fehlt die regelmäßige Belastung, verschwindet es sogar mit der Zeit.
Pflege: Anspruchslos, bevorzugt frische, nährstoffreiche Böden; nicht unter 8 cm tief schneiden.
Verwendung: Gebrauchs- und Sportrasen.

Das Deutsche Weidelgras ist das raschwüchsigste und robusteste Rasengras.

Bevorzugte Gräserarten je nach Rasentyp

	Zierrasen	Gebrauchsrasen	Sportrasen	Landschaftsrasen
Hauptart:	*Agrostis*-Arten	*Festuca rubra*	*Lolium perenne*	*Festuca rubra*
	Festuca rubra	*Lolium perenne*	*Poa pratensis*	*Festuca ovina*
				Poa pratensis
Zusatzarten:	*Poa pratensis*	*Cynosurus cristatus*	*Cynosurus cristatus*	*Agrostis*-Arten
		Festuca ovina		*Festuca rubra*
				Poa supina

LIESCHGRÄSER

Lieschgras *(Phleum bertolonii und Ph. pratense)*

Wuchs: Keimt rasch, niedrige, lockere bis dichte Horste, wintergrün.
Belastbarkeit: Trittfest.
Pflege: Bevorzugt kühl-feuchte, kalkreiche Standorte; gute Wasser- und Nährstoffversorgung erforderlich.
Verwendung: In Sport- und Landschaftsrasen-Mischungen.

Die Wiesenrispe und ihre Verwandten sind im Durchschnitt sehr anpassungs- und strapazierfähig.

RISPENGRÄSER

Wiesen-Rispengras *(Poa pratensis)*

Wuchs: Langsame Entwicklung; es gibt eine breit- und eine schmalblättrige Varietät; kurze unterirdische Ausläufer sorgen für eine dichte Narbe, zum Teil wintergrün.
Belastbarkeit: Sehr strapazierfähig, trittfest, Lücken wachsen schnell wieder zu.
Pflege: Anpassungsfähig, am liebsten aber frische und gut belüftete Böden; verträgt leichten Schatten. Nicht unter 8 cm tief schneiden
Verwendung: Gebrauchs-, Sport- und Landschaftsrasen.

Läger-Rispengras *(Poa supina)*

Wuchs: Hellgrünes, niedriges Laub, oberirdische Ausläufer, früher Triebabschluss (Verfärbung im Winter).
Belastbarkeit: Konkurrenzstark, trittfest, verträgt Schatten.
Pflege: Bevorzugt frische, stickstoffreiche Böden; verträgt sehr tiefen Schnitt (bis 4 cm).
Verwendung: Gebrauchs- und Sportrasen, auch Schattenrasen.

Einjähriges Rispengras *(Poa annua)*

Wuchs: Breite Streuung in Lebensweise und Erscheinung; kurzlebig bis ausdauernd; vermehrt sich in Lücken durch Selbstaussaat; niedrige Horste mit Kriechtrieben.
Belastbarkeit: Sehr trittfest.
Pflege: Braucht gute Ernährung; nicht austrocknen lassen; verträgt Schatten und sehr tiefen Schnitt (bis 3 cm).
Verwendung: Gebrauchs- und Landschaftsrasen-Mischungen. Gemeines Rispengras *(P. trivialis)* und Hainrispengras *(P. nemoralis)* sind häufig in Schattenrasen vertreten.

Rasenmischungen

Während frühere Rasenforscher um das ideale Rasengras stritten, ist es heute eher unstrittig, dass es sinnvoll ist, zur Anlage eines schönen oder zweckmäßigen Rasens mehrere Grasarten zu mischen.
Die Eigenschaften der verschiedenen Gräser sollen sich so ergänzen, dass einzelne Stressfaktoren wie Hitze und Trockenheit, Trittbelastung oder Krankheitsbefall in der Gesamtheit immer gut abgefangen werden. Dabei haben sich je nach Rasentyp bestimmte Leitarten herausgeschält, die dem jeweiligen Zweck am nächsten kommen (siehe Tabelle links).

Spezialmischungen

Unter den so genannten Regelsaatgutmischungen (RSM) gibt es einige für spezielle Standorte:
Golfrasen RSM 4 mit Straußgras- und Rotschwingel-Arten sowie Wiesenrispe und Weidelgras für den Bereich der Abschläge und Spielbahnen.
Parkplatzrasen RSM 5 mit Rotschwingel, Wiesenrispe und Weidelgras und unter Umständen den Rohrschwingel *(Festuca arundinacea,* trittfest und hitzetolerant).
Dachbegrünung RSM 6 mit Rotem Straußgras, Schaf- und Rotschwingel, Ruchgras *(Anthoxanthum odoratum),* Wiesenrispe und Platthalmrispe *(Poa compressa,* verträgt Wärme und Trockenheit) sowie verschiedenen Kräuterarten.
Biotopflächen RSM 8 für artenreiches Extensivgrünland, je nach Standort und Anwendungsbereich mit verschiedenen Gras- und Kräuterarten im Verhältnis 70:30.
Für den bereits angesprochenen **Schattenrasen** (siehe Seite 10) gibt es Mischungen mit schattenverträglichen Rotschwingel-Unterarten, Haar-Schafschwingel und Straußgräsern sowie vor allem Rispenarten *(Poa supina, P. annua P. trivialis, P. nemoralis)* und dem unverwüstlichen Weidelgras.

Für verschiedene Zwecke gibt es »Regelsaatgutmischungen«. Dennoch unterscheiden sie sich oft durch Zuchtsorten.

Auch in **Schotterrasen**-Mischungen finden sich robustes Weidel- und Rispengras neben trockenheitsverträglichen Schwingel-Arten.

Viele Ziergräser gehören zu den horstbildenden Arten (links). Die rasengeeigneten Arten breiten sich meist durch ober- oder unterirdische Ausläufer flächig aus (rechts).

Alternativen zum Rasen

In einem Blumenrasen verwandeln Gänseblümchen, Löwenzahn, Kriechender Günsel und andere bekannte und beliebte Blüten den Rasen in einen bunten Teppich.

Obwohl es Rasentypen für viele Zwecke und Standorte gibt, zieht man aus Gründen des Stils gelegentlich eine Flächenbegrünung ohne oder zumindest nicht nur mit Gräsern vor.

Blumen- oder Kräuterrasen

Wer eine natürlich wirkende Blumenwiese bevorzugt, aber auf der anderen Seite Kindern einen Spielraum einräumen muss, für den bietet sich eine Kompromissform an: Mähen Sie gerade so oft, wie es für Nutzung und Mäherleistung nötig ist, und dabei auch nicht zu kurz; das Ergebnis nennt man einen Blumen- oder Kräuterrasen. Er muss nicht so intensiv gepflegt werden wie Gebrauchs- oder gar Zierrasen, kann jedoch betreten und zum Spielen genutzt werden. In einem Blumenrasen dürfen neben robusten Gräsern bekannte Wiesenblumen blühen. Je nach den Standorteigentschaften siedeln sich Gänseblümchen, Löwenzahn, Klee, Wegerich, Hahnenfuß oder Ehrenpreis an. Somit passt diese Rasenform gut in einen Naturgarten, dafür weniger zu streng formalen Blumenrabatten.

Arten für den Kräuterrasen

Gräser
- Schwingel-Arten
- Rotes Straußgras
- Wiesen-Kammgras
- Rispengräser

Kräuter und Blumen
- Braunelle
- Ehrenpreis, Gamander-
- Gänseblümchen
- Günsel, Kriechender
- Gundelrebe, Efeu-Habichtskraut
- Hahnenfuß, Knolliger
- Heidenelke
- Hornklee
- Kronwicke
- Labkraut
- Löwenzahn
- Margerite
- Pippau
- Schafgarbe
- Thymian
- Wegerich, Mittlerer
- Wiesenschaumkraut
- Wundklee

Zufall oder gezielte Aussaat?

Man kann diese naturnahe Mischung sogar gezielt ansäen. Es gibt zum Beispiel Kräuterrasen-Mischungen, die zwischen den Gräsern 5 bis 10 Prozent Kräutersamen enthalten, die Schnitt

und Belastungen ähnlich gut vertragen wie die Gräser.
Die Aussaatdichte beträgt etwa 5 g/m². Arten, die relativ teuer oder aus anderen Gründen in Saatgutmischungen selten sind, können einzeln nachgesät werden, wie zum Beispiel Günsel *(Ajuga)* für frische oder Heidenelke, Sandthymian und Sonnenröschen für durchlässige Standorte.
Es gibt auch Mischungen (von Sperling), die unter anderem Primeln, Duftveilchen, Storchschnabel enthalten, und zwar einmal mit Gräsern und einmal ohne – zum Einsäen in vorhandenen Rasen.
Ein Blumenrasen eignet sich außerdem ideal, um im Herbst frühjahrsblühende Blumenzwiebeln einzusetzen und verwildern zu lassen. Schneeglöckchen, Märzbecher, Schneeglanz, Krokus, Blaustern und Narzissen, aber auch Herbstkrokusse können eigene Höhepunkte in der Wiesenblüte setzen (siehe Seite 36).

Unterscheidungsmerkmale: Blumenrasen – Blumenwiese

Blumenrasen
- Gräser und bescheidene Blüten in begrenzter Artenvielfalt.
- Dafür zum Betreten und Spielen nutzbar.
- Regelmäßiger Schnitt (etwa 5–8-mal jährlich).

Blumenwiese
- Zur dauerhaften Ansiedlung einer artenreichen Wiese ist Geduld nötig.
- Am besten auf magerem Boden mit einer abgestimmten Saatgutmischung.
- Schnitt mit Sense oder leistungsfähigem Mäher erforderlich.

Blumenwiesen

Artenreiche, bunt blühende Blumenwiesen sind eine sensible, der Natur abgeschaute Lebensgemeinschaft, die hinsichtlich der Nutzung sowie bei Anlage und Pflege völlig anderen Regeln unterliegt. Siehe dazu das eigene Kapitel ab Seite 81.

Attraktion für die Sinne: der Duftrasen

Ein Duftteppich lässt sich im Gegensatz zur Blumenwiese auch auf sehr kleinen Flächen verwirklichen, zum Beispiel auf einer steinernen Sitzbank oder in Freiräumen zwischen Wegplatten. Man kann durch eine solche Pflanzung lustwandeln und sich von den aufsteigenden Aromen beleben lassen oder sich gar zu einer Ruhepause darauf niederlassen.

Geeignete Duftrasenpflanzen

Der bei uns heimische Sandthymian *(Thymus serpyllum)* gedeiht ebenso wie der Feldthymian *(Th. pulegioides)* am besten an sonnigen, trockenen Standorten. Dort erfreut er nicht nur durch seinen würzigen Duft, sondern auch mit seiner

Die Römische Kamille wächst anspruchslos und bildet einen einheitlichen »Rasen« mit fruchtigem Duft.

Der typische Heuduft nach dem Wiesenschnitt lässt sich durch Einsaat besonders aromatischer Gräser verstärken, wie Ruchgras *(Anthoxanthum odoratum)* oder Mariengras *(Hierochloe odorata)*.

lang anhaltenden sommerlichen Blüte. Der Nachteil: Zu dieser Zeit werden die Blüten rege von Bienen besucht, weshalb ein Barfuß-Spaziergang über diesen Duftteppich nicht angeraten ist. Der Zitronenthymian *(Th. × citriodorus)* blüht kürzer, dafür intensiver, sein Geruch ist bereits im Namen beschrieben, ebenso wie beim Kümmelthymian *(Th.* 'Herba-Barona').
Im Gegensatz zum Thymian bevorzugt die Poleiminze *(Mentha pulegium)* feuchte, beschattete Plätze. Sehr gut passt diese alte Heilpflanze mit ihrem milden Minzeduft an den Teichrand.
Ihre hellvioletten Blüten erscheinen vom Sommer bis in den Herbst, weshalb es schade wäre, sie vorher zu mähen.
Die ebenfalls mehrjährige, sogar immergrüne Römische Kamille *(Anthemis nobilis)* wächst rasch und anspruchslos, reagiert allerdings empfindlich auf Staunässe. Ihr Geruch ist charakteristisch fruchtig. Aus England gibt es sogar spezielle »Rasensorten« davon.

Der Thymian gedeiht an durchlässigen und warmen Standorten. Bereits das zarte Laub verbreitet einen würzigen Duft, zusätzlich zeigen sich hübsche Blüten.

Bodendecker

Ein einheitlicher Pflanzenteppich lässt sich auch mit Arten erreichen, die nichts mit Gras zu tun haben, nämlich mit so genannten Bodendeckern. Mit Hilfe ihrer niederliegenden Triebe, ihrer unter- oder oberirdischen Ausläufer lassen sie bei Gruppenpflanzung den nackten Untergrund rasch verschwinden. Sie erfordern in der Regel wenig Pflege und behindern die Ausbreitung unerwünschter Wildkräuter.
Zu den bodendeckenden Stauden für sonnige Flächen zählen auch einige horstbildende Gräser. Es gibt wintergrüne Arten wie die Japan-Segge *(Carex morrowii)* für schattige Lagen, den blau-grün bereiften Blaustrahlhafer *(Helictotrichon sempervirens)* oder für durchlässige Böden den Blauschwingel *(Festuca glauca)* und den Bärenfellschwingel *(F. scoparia)*, die auch unbeschnitten einen interessanten Bestand bilden. Orientieren Sie sich an der umgebenden Natur: Dort

Besonders in Schattenlagen empfiehlt es sich, über bodendeckende Alternativen nachzudenken, wie hier den Efeu.

Auch die Waldsteinie gedeiht im Schatten. Im Frühjahr schmückt sich die Fläche mit kleinen gelben Blütentellern.

lassen sich Bodendecker finden, die gut mit den vorhandenen Bedingungen zurechtkommen und wenig Pflege benötigen.

Wo kein Gras mehr wächst

Mit den Spezialisten aus der Gruppe Bodendecker lassen sich sogar Problemstandorte besiedeln, auf denen kein Gras mehr flächendeckend wächst. Für stark schattige Bereiche und als Gehölz-Unterwuchs eignen sich beispielsweise Immergrün, Haselwurz, Taubnessel oder Efeu. Oft lässt sich die Situation unter einer dichten Traufe auch durch eine hübsche Findlingsgruppe lösen, die mit Farnen und Solitärgräsern wie *Carex morrowii* umpflanzt wird. Wichtig bei der Pflanzung unter Bäumen sind besonders große Pflanzlöcher, die nicht sofort wieder von den Baumwurzeln erobert werden.

Kriechende Zwergmispel *(Cotoneaster dammeri* u.a.) und Teppich-Johanniskraut *(Hypericum calycinum)* können Böschungen befestigen. Auf sandigen Standorten gedeihen Glocken- *(Erica*-Arten) sowie Besenheide *(Calluna vulgaris),* auf steinigem Untergrund Arten von Fetthenne *(Sedum),* Silberwurz *(Dryas)* und Thymian *(Thymus).*

auf einen blick

- Die Auswahl des Rasentyps erfolgt nach vorgesehenem Stil und beabsichtigter Nutzung.
- Man unterscheidet Zier-, Sport-, Gebrauchs- (Universal-) und Landschaftsrasen.
- Lagen im Schatten und am Hang, Gründächer oder stark belastete Wege erfordern spezielle Lösungen.
- Blumen-, Kräuter- und Duftrasen sowie Blumenwiesen oder gar andere Bodendecker sind weniger nutzbare, aber blütenreichere Formen.

Rasen anlegen

Bevor Sie sich an die Arbeit machen, sollten Sie systematisch alle Rahmenbedingungen durchdenken, die für die fachgerechte Umsetzung und für den Nutzungszweck des Rasens wichtig sind.

Der Rasen ist ein zentrales Element und sollte schon bei der Gartenplanung angemessen berücksichtigt werden.

Was bei der Planung zu berücksichtigen ist

Wie bei allen Planungen im Garten sollten Sie sich zu Beginn einen Plan anlegen. Anhand solch einer schriftlichen Niederlegung bekommen Sie ein besseres Gefühl für die Dimensionen, für Verhältnis und Lage der Rasenfläche bezüglich der Gebäude und der anderen Pflanzungen.

Sie können sich alle beteiligten Elemente im Überblick anschauen und die Hindernisse bewusst machen, die vor der Anlage beseitigt werden müssen oder die später das Wachstum oder Pflegemaßnahmen erschweren, wie Bäume, Wege oder Beetkanten. Nicht zuletzt können Sie die Funktionalität überprüfen: zum Beispiel, ob der Zierrasen die gebührende zentrale Aufmerksamkeit erhält, ob die ballspielenden Kinder weit genug Abstand vom Küchenfenster halten oder ob die Blumenwiese hinter dem Staudenbeet von der Terrasse aus noch zu sehen ist.

◀ Eine gründliche Vorbereitung der Fläche ist das A und O für erfolgreiches Keimen und langfristiges Gelingen einer geschlossenen grünen Bodendecke.

Einen Plan zeichnen

Nehmen Sie dazu ein kariertes Papier in ausreichendem Format, um den Garten im Maßstab 1:100 oder noch besser 1:50 abbilden zu können. Tragen Sie zunächst die unveränderlichen Bestandteile ein, wie Grundstücksgrenze, Gebäude, Höhenunterschiede und große Bäume sowie Wege. Auch unterirdische Leitungen sollten von vornherein eingezeichnet werden. Dann können Sie (hilfreich sind mehrere Kopien) mit den weiteren Möglichkeiten spielen.

Es ist sicher nicht nötig, alle Gehölze in der Rasenfläche zu beseitigen. Aber man sollte sich darüber im Klaren sein, dass jedes ein Hindernis darstellt, das bei jedem Mähgang Zeit kostet. Auch andere Pflanzen im oder am Rasen sollten daher möglichst in wenigen Gruppen zusammengefasst sein; sie lassen sich wesentlich leichter mit dem Mäher umfahren als einzeln stehende Bäume oder Sträucher.

Bei größeren Flächen: Technik einsetzen

Wenn Sie sich die Größe der vorgesehenen Rasenfläche vergegenwärtigen, können Sie daraus auch den Schluss ziehen, welche Geräteausstattung sinn-

voll ist. Allzu schmale Rasenstreifen sind schwierig zu pflegen und kaum nutzbar.
Je größer die Fläche, desto naheliegender ist es auch, die Hilfe von Gartenprofis in Anspruch zu nehmen. Außerdem sollten Sie sich schon in diesem Stadium darüber klar werden, ob es notwendig ist, einen besonders leistungsfähigen Mäher oder einen Vertikutierer anzuschaffen.
Besonders wichtig aber ist es, jetzt bereits an die Bewässerung zu denken: Wer einen gepflegten Zierrasen haben möchte, der muss bei größeren Flächen entsprechende Wasseranschlüsse vorsehen. Am perfektesten lässt sich die Bewässerung mit einer versenkbaren Sprinkleranlage bewältigen. Die Leitungen dafür sollten ebenfalls vor der Ansaat unterirdisch verlegt werden (siehe Seite 66).

Die Wahl der richtigen Rasenmischung

Auf der Basis der folgenden Fragen lässt sich die geeignete Samenmischung bestimmen:

- Welche Eigenschaften sind durch den Standort vorgegeben:
  - Ist der Boden schwer oder sandig, sauer oder basisch?
  - Ist die Fläche eben?
  - Gibt es Staunässe?
  - Liegt die Fläche voll besonnt oder beschattet?
  - Liegt ein Sonderstandort vor: Hang, Gründach oder Garageneinfahrt?
- Welcher Rasenstil ist gefragt:
  - Soll er nur der Zierde dienen?
  - Wird er durch spielende Kinder genutzt oder gar durch eine bestimmte Sportart?
  - Soll die Bepflanzung duften oder eine bestimmte Struktur oder Farbe aufweisen?
  - Soll die Wiese besonders tief und häufig gemäht werden oder in erster Linie pflegeleicht sein?
  - Oder soll sie besonders natürlich wirken und die Tierwelt fördern?

Der Boden gibt bei der Auswahl einen relativ geringen Ausschlag, weil die üblichen Gräserarten mit lehmigem Untergrund genauso gut zurechtkommen wie mit sandigem. Nur einem undurchlässigen, staunassen Boden kommt man nicht mit dem Saatgut bei: Hier sind bei der Vorbereitung der Fläche entsprechende Maßnahmen zu ergreifen, um das Gedeihen eines Rasens zu ermöglichen (siehe Seite 28).
Unebenheiten lassen sich begradigen. Erst bei extrem steinigem Boden muss man auf eine Trockenrasengesellschaft ausweichen.

Jede Pflanzung im Rasen bildet beim Mähen ein Hindernis. Deshalb sollte man sich auf wenige zusammengefasste Inseln beschränken.

Ein unsichtbar in den Boden eingeschlagenes Metallband hindert die Wurzeln daran, in den angrenzenden Bereich zu wachsen, und sorgt so für klare Grenzen.

Für allzu schattige Lagen oder unter Nadelbäumen sei nochmals auf alternative Pflanzendecken hingewiesen, weil hier die Gräser nie eine zufriedenstellende Matte bilden werden (siehe Seite 20).
Natürlich muss man bei der Auswahl mitunter Kompromisse eingehen, weil nicht alle Bedingungen in gleichem Maße erfüllt werden können. Dennoch soll vor allzu billigem Saatgut gewarnt sein: Im Hinblick auf den langfristigen Erfolg kommt es einem meist eher teurer zu stehen.

Die Randgestaltung

Um das Ineinanderwachsen verschiedener Vegetationsdecken zu unterbinden – dass etwa die Wiese ins Gemüse- oder Staudenbeet wächst –, erweist sich oft ein befestigter Rand als sinnvoll. Solche Einfassungen verstärken außerdem die Strukturierung. Zwingend sind sie jedoch nicht. Früher sah man häufig die obligatorischen aufrechten Rasenkantensteine aus Beton, heute werden Staudenbeete gerne durch Holzpalisaden abgegrenzt. Beide Lösungen haben einen Nachteil: Sie können wegen der aus dem Boden ragenden Hindernisse nicht bis zur Rasengrenze mit dem Mäher bearbeitet werden. Die Folge sind unschöne Kanten oder aufwändige Nacharbeiten mit der Rasenkantenschere. Deshalb sollten solche Übergänge tunlichst ebenerdig verlaufen.

Bodenebene Einfassungen

Dazu gibt es beispielsweise liegende Betonsteine in verschiedenen Breiten, deren Rundungen in der Reihe ineinander greifen. Solche Betoneinfassungen sind relativ billig und einfach zu verlegen, vom Charakter her allerdings mehr praktisch als charmant. Etwas stilvoller wirkt eine Reihe Klinker.
Als Wuchsgrenze fungiert auch das so genannte Berliner Tiergarten-Band: Dieses Metallband von der Breite einer Wurzelschicht kann unsichtbar am Rasenrand in den Boden geschlagen werden und verhindert auf diese Weise Grenzüberschreitungen.
Vorbeugend empfiehlt es sich, bereits bei der Anlage die Kontakte mit anderen Pflanzungen zu minimieren. So sollte man darauf verzichten, einzelne Pflanzen mitten in der Rasenfläche zu platzieren. Es gilt: Wer die Kanten gut plant, hat später wenig zu stechen.

Einzelne Samenzüchter bieten Mischungen für Randbereiche an, wo nicht gemäht wird; zum Beispiel eine für das Kiesdach, das mit einer dünnen Substratschicht zurechtkommt, oder auch eine »sonnige Blumenhecke« für nahrhaften Boden.

Am Wegrand

Ein befestigter Rand ergibt sich automatisch, wenn der Rasen an einen Wegbelag stößt. Um dessen Randreihen gegen Abrutschen zu sichern, kann man sie zum Rasen hin mit einem Betonkeil unterlegen. Deshalb muss der Untergrund für den Weg 10 cm breiter ausgehoben und mit einer Tragschicht versehen werden. Erst sollte man also die Einfassungen setzen (lassen), dann den Wegbelag verlegen; erst danach wird der Rasen angesät.
Ein 5 cm hoher Beton-Leistenstein wird rasch überwachsen, wenn man ihn 2 cm tiefer setzt als den Wegbelag. Dabei behindert er die Ausbreitung unterirdischer Wurzelausläufer.

Fachgerechte Vorbereitung der Fläche

Der Boden hat großen Einfluss auf das Wachstum eines Rasens. Maßstab sind daher die Standortansprüche der Gräser. Folgende Eigenschaften wären optimal:

- durchlässig, aber nicht zu trocken, zum Beispiel lehmiger Sand oder sandiger Lehm mit reichem Humusanteil.
- neutraler bis leicht saurer pH-Wert zwischen 5,5 und 7,5.

Häufig besteht die Aufgabe darin, einen schweren Boden zu lockern. Je anspruchsvoller und beanspruchter die Rasenfläche, umso wichtiger ist es, dass der Boden langfristig porös bleibt, also einen guten Luft- und Wasserhaushalt behält. Dadurch kann er tief durchwurzelt werden und neigt nicht zu Verdichtung und Staunässe.

Eine Reihe Kleinpflaster gibt sowohl einen harmonischen Übergang zur befestigen Wegfläche ab als auch eine bodenebene Mähkante zu angrenzenden Staudenbeeten.

Grobe Bodenvorbereitung

Um die Rasenaussaat optimal vorzubereiten, sollten Sie den Boden mindestens zwei Wochen vorher grob bearbeiten. Denn so lange braucht die feinkrümelige Erde Zeit, sich wieder zu setzen.
Der richtige Zeitpunkt ist im Frühjahr etwa ab Mitte April. Wer langfristig genug vorausplant, der kann sogar schon im Vorjahr einen Gründünger wie Gelbsenf oder eine Hackfrucht auf die grob vorbereitete Fläche säen. Bitterlupinen beugen durch ihren dichten Wuchs der Verunkrautung vor.

Mutterboden retten

Bei Neubaugrundstücken ist es bereits zu Beginn der Bauarbeiten vordringlich, die Humusschicht zu retten, um sie nach Bauende auf der Gartenfläche zu verteilen. Denn die Humusschicht ist die Grundlage für das Gedeihen des Rasens; auf einer von Baumaschinen verdichteten, mit Bauschutt verunreinigten oder mit dem leblosen Untergrund vermischten Erde wächst kaum etwas zufriedenstellend. Wenn die Rettung nicht gelingt, muss man notfalls in großem Umfang geeignetes Substrat anfahren lassen. Verdichtungen lassen sich nur mit hohem Aufwand wieder aufbrechen (siehe »Dränage«).

Lockern – von Hand oder per Maschine

Vorhandene Vegetationsnarben sollte man sorgfältig mit der Wurzelschicht abschälen. Wer glaubt, das Umbrechen mit der Motorfräse sei bequemer, der wird die Erfahrung machen, dass sich das Ebnen auf den verbliebenen Wurzelschollen schwierig gestaltet und die alten Kräuter teilweise wieder durchwachsen. Auf einem unbewachsenen Boden hingegen kann die Motorfräse durchaus Arbeit sparen. So ein Gerät kann man notfalls ausleihen, aber Achtung – Arbeitsschuhe mit Sicherheitskappen gehören unbedingt dazu!

Die Lockerung sollte etwa spatentief erfolgen; auf stark verunkrauteten Flächen kann eine tiefgründigere Bearbeitung notwendig sein. Es empfiehlt sich, diese Arbeiten nur auf abgetrocknetem Boden auszuführen. Von Hand wird er mit der Grabgabel gelockert oder mit dem Spaten umgegraben.

Bei diesem Arbeitsgang sollten Sie auch Steine entfernen und die Rhizome von Wurzelunkräutern wie Winden oder Ackerdisteln auslesen, ebenso Pfahlwurzeln wie die des Löwenzahns konsequent ausstechen.

Ausgleichende Zusätze einarbeiten

Außerdem werden jetzt Zusätze eingearbeitet, die einseitige Eigenschaften des Untergrunds ausgleichen sollen. Detaillierte Hinweise darauf erhalten Sie durch eine Bodenuntersuchung, aber auch eine Fingerprobe oder Zeigerpflanzen können wertvolle Hinweise geben.

Bei schweren Böden arbeitet man größere Mengen von Sand ein, damit die Rasenwurzeln auch nach heftigen Niederschlägen noch genügend Luft kriegen. Man verwendet am besten feinen, gewaschenen Quarzsand (Körnung 0–2 mm) und arbeitet 10 bis 25 Liter davon pro Quadratmeter ein. Ebenso gut eignet sich Humus zum Einarbeiten, zum Beispiel in Form von gesiebtem Reifkompost oder Rindenhumus. Eine Kalkgabe kann die Bodenstruktur verbessern. Überdies gibt es fertig käufliche, nicht allzu billige Substratmischungen (z. B. der Fa. Florakraft) aus Humus und Sand, die sich

Das Motorfräsen ist nur bei geringem Bewuchs zu empfehlen. Eine dichte Pflanzendecke sollte entfernt werden.

Steine und andere grobe Fremdkörper sollte man vor der Bodenbearbeitung von der Fläche absammeln.

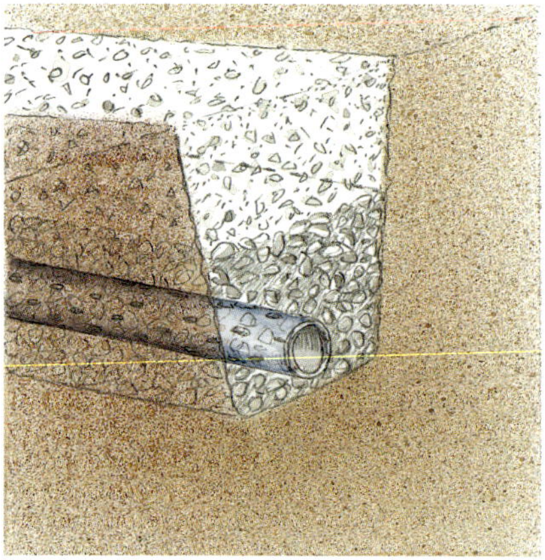

Eine Röhrendränage mit durchlässigem Substrat zieht die Feuchtigkeit aus der Umgebung an und leitet sie ab.

für Neuanlagen wie für die Ausbesserung eignen.
Schließlich ist es wichtig, vor allem Bereiche mit neu eingebrachten Substraten gut zu verfestigen, damit nichts nachsacken kann und unschöne Unebenheiten entstehen. Zur Markierung des angestrebten Niveaus können Sie am Rand der Fläche Pflöcke einschlagen; die gewünschte Höhe lässt sich dann durch Verbindungsschnüre kennzeichnen und mit der Wasserwaage prüfen.

Manchmal genügt es, als Dränage grobe Steine und darüber feineren Kies in schmale Gräben zu füllen. Dieses Vorgehen verursacht wenig Aufwand und Kosten.

Dränage

Der Einbau eines Dränagesystems kann notwendig sein, wenn das Wasser aufgrund von Verdichtungen ungenügend versickert und nach starken Niederschlägen Pfützen bildet. Allerdings sollte man es in minder schweren Fällen erst mit anderen Maßnahmen versuchen:

- etwa 50 cm tief lockern; dünne Sperrschichten können dabei aufgelöst oder zumindest teilweise durchbrochen werden;
- wenn sich unterhalb von 50 cm immer noch Mutterboden befindet, kann man diesen gegen wasserdurchlässigen Schotter austauschen;
- Einarbeiten von grobem Sand und anderen Bodenverbesserungsmitteln;
- Einsaat eines kräftig durchwurzelnden Gründüngers;
- Herstellen eines Oberflächengefälles auf der ganzen Fläche.

Eine Ableitung über offene Gräben kommt im Hausgarten wohl nicht in Frage. Auf kleinen Flächen ist eine durchgehende Dränageschicht mit leichtem Gefälle denkbar. Allerdings kann es dann zum Problem werden, dass bei Trockenheit kein Nachschub mehr aus dem Untergrund verfügbar ist.

Unterirdisches Röhrensystem

Die aufwändige Röhrendränage wird weniger in Hausgärten als bei Sportplätzen angewandt. Dabei wird das Wasser über ein unterirdisches System aus geschlitzten oder gelöcherten Kunststoff- oder Tonröhren abgeleitet. Diese Rohre sollten vor Anlage eines Rasens eingebaut werden. Es geht aber auch nachträglich ohne große Mehrarbeit; man muss dann lediglich gemäß dem Verlauf der Dränage die Rasensoden abtragen und später wieder auflegen.

Fein planieren

Wenn Dränage und Grobbearbeitung abgeschlossen sind, kann die Fläche fein modelliert und geebnet werden. Natürlich sind sanfte Geländewellen erlaubt; vermeiden sollten Sie lediglich Senken, in denen die Niederschläge stehen bleiben. Bei der Bearbeitung mit dem Rechen werden noch einmal alle Verunreinigungen aussortiert: Steine ab einer bestimmten Größe, Glasscherben, Wurzelreste und neu gekeimte Unkräuter.

Substrat- und Düngezusätze werden gleichmäßig eingerecht. Dabei wird die Fläche auch grob geebnet.

Eine exakte Planierung kann mit Hilfe der Wasserwaage und eines langen Bretts vorgenommen werden.

Sobald eine grundlegende Glättung des Geländes erreicht ist, kann die Fläche noch einmal mit dem Rücken eines Rechens fein geebnet werden. Anschließend darf die Fläche bis zur Saat nicht mehr betreten werden. Nun sollte der Boden nicht mehr lange brachliegen.

Rasenaussaat Schritt für Schritt

Der beste Zeitpunkt zur Aussaat von Rasen oder Wiese ist der späte Frühling; dann ist es schon warm genug, aber das Grün noch nicht von Austrocknung bedroht. Außerdem haben die Graspflänzchen eine ganze Vegetationsperiode Zeit, sich für den Winter abzuhärten und Kräfte zu sammeln. Als Ausweichtermin steht der Spätsommer (bis in den Oktober) zu Verfügung, der in trockenen Klimaregionen sogar von Vorteil ist. Damit die Samen kontinuierlich keimen, sollten die Temperaturen nachts möglichst nicht unter 10 °C absinken.
Im Übrigen empfiehlt es sich, einen windstillen Tag bei trockener Witterung zu wählen. Feuchter Boden verklebt und verdichtet leichter, das Saatgut wird dabei ungleichmäßiger verteilt.

Untergrund vorbereitet?

Der Untergrund sollte stabil verfestigt sein, wie im letzten Kapitel beschrieben. Die Herstellung einer feinen Oberfläche ist nicht in erster Linie aus ästhetischen Gründen wichtig, sondern weil die kleinen Samen darauf angewiesen sind, um mit höherer Wahrscheinlichkeit keimen zu können.

Der Sinn einer Startdüngung unmittelbar vor der Aussaat ist umstritten, vor allem aufgrund der Gefahr von Verbrennungen durch mineralische Dünger. Siehe Seite 32.

Aussaatdichte und -tiefe

Verwenden Sie nur frisches Saatgut! Wer unbedingt ältere Packungen aufbrauchen will, muss sich nicht wundern, wenn er nur einen lichten Rasenteppich erhält.
Das Saatgut wird entsprechend den Angaben auf der Samenpackung gleichmäßig verteilt. Meist braucht man zwischen

Nur wenn Sie frisches Saatgut verwenden, können Sie bald mit einem dichten Rasenteppich rechnen.

Ein Streuwägelchen erleichtert das gleichmäßige Ausbringen der feinen Rasensamen.

Im Anschluss an die Aussaat wird vorsichtig eingerecht. Die Samen sollten danach nicht tiefer als 1,5 cm liegen.

10 und 30 g Samen pro Quadratmeter, je nach Größe und Gewicht der enthaltenen Grasarten. Grob entspricht dies einer Hand voll.

Sämaschinen-Einsatz

Während die Aussaat von Hand etwas Routine erfordert, bringt eine Sämaschine die Samen immer recht gleichmäßig aus. Dazu genügt schon ein einfacher Streuwagen, mit dem man auch Dünger ausstreuen kann. Schwere Profi-Sämaschinen mit eigenem Motorantrieb harken das Saatgut auch gleich ein und drücken es mit ihren Walzen an. Für die einmalige Nutzung ist es nicht nötig, eine solche Maschine zu kaufen; häufig kann man sie in Fachbetrieben oder bei Gartenbauvereinen gegen Gebühr ausleihen.

Guter Bodenschluss

Direkt nach der Aussaat ist es wichtig, dass ein guter Kontakt mit dem Boden hergestellt wird. Sonst werden die Samen verweht oder abgeschwemmt und trocknen rasch aus. Zunächst sollten Sie das Saatgut dazu vorsichtig einrechen, sodass es durchschnittlich die optimale Tiefe von 1,5 cm erreicht. Die feinsten Samen dürfen eher noch flacher liegen. Bei tieferer Ausbringung ist mit einem schlechteren Keimergebnis zu rechnen; vor allem Rispengräser reagieren darauf recht empfindlich.
Anschließend muss die obere Erdschicht mit den Samen gut angedrückt werden. Wer keine Sämaschine mit eingebauten Walzen eingesetzt hat, sollte die Fläche in einem eigenen Arbeitsgang walzen.
Wer wiederum keine Walze zur Verfügung hat, der kann den Boden auch mit dem Rücken einer Schaufel festklopfen. Oder sich Trittbretter basteln, die er sich an die Füße bindet, um so über die Fläche zu stampfen.

Mit Hilfe einer Rasenwalze wird das Saatgut gleichmäßig angedrückt.

Wer keine Walze hat, kann die Arbeit mit Trittbrettern an den Füßen erledigen.

Schließlich muss die angesäte Fläche kräftig eingeregnet werden. Da der Boden vorher abgetrocknet sein sollte, lohnt es sich, einen Regner aufzustellen und so lange laufen zu lassen, bis die Erde satt feucht ist; aber verschlämmen sollte sie nicht. Wenn die Bedingungen stimmen, zeigen sich bereits nach etwa zehn Tagen die ersten Halme.

Betreten verboten!

Die sorgfältig planierte Aussaatfläche sollte nach Möglichkeit nicht mehr betreten werden, bis das gekeimte Gras bereits eine kräftige grüne Decke zeigt. Deshalb empfiehlt es sich, den Bereich deutlich sichtbar abzugrenzen, am besten mit einem rot-weißen Baustellenband; eine einfache Schnur tut's freilich meist auch.

Im Hinblick auf tierische Störenfriede kann es sinnvoll sein, ein Netz um oder gar über die ganze Fläche zu spannen. Hunde haben auf dem Gelände nichts zu suchen. Manchmal fallen Scharen von Vögeln ein, die unsere sorgsam ausgebrachten Samen für ein leckeres Futterangebot halten und aufpicken. Von den Katzen gar nicht zu reden, die das krümelige Saatbett gerne für ihre Geschäfte nutzen ... Hunde und Katzen kann ein ungiftiges Abwehrmittel (im Zoofachhandel erhältlich) fern halten.

Die Saatfläche sollte in den Wochen nach der Aussaat nicht austrocknen. Bei Trockenheit lässt man am besten einen Regner so lange laufen, bis die Erde satt feucht ist.

Unter günstigen Bedingungen kann man sich schon nach zehn Tagen über die ersten grünen Halme freuen.

Die Wochen nach der Aussaat

Sorgen Sie dafür, dass die Aussaat in den ersten sechs Wochen nicht austrocknet. Bei einer anhaltenden Hitzeperiode kann auf kleinen Flächen eine Stoff-Schattierung diese Bemühung unterstützen.

Verwenden Sie zur Bewässerung grundsätzlich eine Brause mit feinen Düsen, damit die Erde nicht durch den Wasserstrahl aufgewühlt wird und sich Pfützen oder beim Abfließen gar tiefe Furchen bilden.

Nach zwei Wochen sind die meisten Samen gekeimt; in der

Folge schließt sich die grüne Bodendecke kontinuierlich. Nach fünf bis sechs Wochen ist eine Beregnung nur noch erforderlich, wenn es vier bis fünf Tage hintereinander trocken bleibt.

Der erste Schnitt

Für die Entwicklung eines dichten Grasteppichs ist der erste Schnitt von entscheidender Bedeutung. Er wird fällig bei einer Halmhöhe von 8–10 cm, mit einer Schnitthöhe auf 6 cm. In der Folge können Sie den Schnitt langsam auf die endgültige Schnitthöhe einstellen. Ein perfekter Zierrasen darf schon bei 6 cm Höhe auf 4 cm zurückgeschnitten werden. Nehmen Sie diese Arbeit ausschließlich bei trockener Witterung vor, weil sie sonst unschöne Spuren im Boden und unter den Pflanzen hinterlässt.
Anschließend muss das Schnittgut abgerecht werden, sofern dies nicht durch einen Fangkorb geschieht. Denn verklebte Grashalme könnten rasch Fäulnis und Pilzkrankheiten in den jungen Bestand tragen. Mulchmäher sind hier deshalb ungeeignet.

Achten Sie darauf, dass bei diesem ersten Schnitt die Messer des Rasenmähers gut geschärft sind. Ein stumpfes Messer würde die erst schwach verwurzelten Gräser eher ausreißen als kürzen.

Vorsicht mit Düngern!

Mit dem ersten Schnitt lassen sich die mit aufgekeimten Unkräuter wirkungsvoll bekämpfen. Vor allem aber werden dadurch Austrieb und Wachstum von Seitentrieben angeregt, sodass sich die Narbe rascher schließt. Die Gabe eines Stickstoffdüngers unterstützt diese wünschenswerte Entwicklung. Allerdings muss man aufpassen: Die Gefahr ist groß, dass Wurzeln und Halme der jungen Graspflänzchen durch eine zu hohe Konzentration »verbrennen« und dadurch der gegenteilige Effekt eintritt. Daher: Wenn, dann sorgfältig dosiert düngen und gut nachwässern!
Ersatzweise können Sie etwa sechs Wochen nach der Aussaat eine dünne Schicht von unkrautfreiem Pflanzhumus ausbringen. Dieser gibt kontinuierlich Nährstoffe frei und regt dabei die Wurzelentwicklung an.
Nun darf auch die Umzäunung abgebaut werden. Allerdings sollte der Rasen während der ersten sechs Monate nach wie vor geschont werden, vor allem bei nassen Bodenverhältnissen. Erst danach ist er voll belastbar.

Nach der Aussaat darf nur vorsichtig gedüngt werden, denn hohe Konzentrationen führen zu Verbrennungen.

Notfalls nachsäen

Es gibt eine Menge Gründe, warum der Rasen vielleicht nicht so dicht aufgegangen ist wie gewünscht. Altes Saatgut kann, wie bereits gehört, einer davon sein. Dazu tierische Störenfriede, Pfützenbildung? – Meist ist die Ursache nicht klar erkennbar. Was man jedoch deutlich sehen kann, sind kahle oder dünn bewachsene Stellen. Kleinere Fehlstellen dieser Art kann man guten Gewissens ignorieren; sie werden im Laufe der nächsten Monate schon noch von den Gräsern erobert. Bei großflächigeren Ausfällen jedoch sollten Sie zur Nachsaat schreiten.

Nach Möglichkeit wird man dabei vorbeugen und die in Verdacht stehenden Fehlerquellen ausschließen; das heißt also zum Beispiel frisches Saatgut besorgen, abgesenkte Stellen auffüllen oder konsequent Absperrungen bzw. Netze anbringen. Vor dem Einsäen empfiehlt es sich, den Boden im lückigen Bestand vorsichtig mit dem Rechen aufzurauen. Auch beim Andrücken ist Rücksicht zu nehmen auf die bereits gekeimten Gräser. Natürlich sollte man die betroffenen Bereiche ebenso feucht halten, schonen und schneiden wie bei der ersten Aussaat.

Für Eilige: Rollrasen, Rasensoden, Pflanzrasen

Wie bei allen anderen Pflanzenarten gibt es auch bei den Gräsern nicht nur die Möglichkeit der Aussaat, sondern ebenso die der Pflanzung vorkultivierter Sämlinge. Allerdings sind zur Erlangung eines Grünteppichs andere Techniken erforderlich.

Rollrasen – der grüne Teppich zum Ausrollen

Die Erfindung des Rollrasens bietet die bequeme und vor allem schnelle Gelegenheit, eine staubige oder schlammige Brachfläche innerhalb weniger Stunden in eine einladende, erfrischend grüne Oase zu verwandeln.

Diese Schnelligkeit hat freilich ihren Preis: Das Verlegen eines Rollrasens ist wesentlich teurer als die Ansaat eines Rasens auf vergleichbarer Fläche. Wenn man jedoch den Gesamtaufwand vergleicht, relativiert sich der Unterschied; vor allem die regelmäßige Bewässerung erfordert unter Umständen ja viel Zeit beziehungsweise zusätzliche technische Ausrüstung. Dennoch wird man dem Rollrasen nur unter besonderen Umständen den Vorzug geben:

- Wenn der Neubau sofort repräsentative Aufgaben erfüllen soll,
- zum schnellen Ausbessern von Fehlstellen, zum Beispiel anlässlich einer Gartenparty,
- wenn Kinder, Gartenästheten oder andere Nutzer besonders ungeduldig sind;
- nicht zuletzt eignet sich Rollrasen zur Begrünung von Flächen mit starkem Gefälle.

Rollrasen wird in handlichen Portionen angeliefert. Er lässt sich – nach geeigneter Bodenvorbereitung – rasch verlegen und sofort nutzen.

Herstellung und Transport

Rollrasen wird in speziellen Betrieben auf riesigen Flächen vermehrt und ist die ganze Sai-

Ein stabiler, ebener Untergrund ist entscheidend. Dann werden die Bahnen dicht an dicht und versetzt ausgerollt.

Auch beim Rollrasen lässt sich das Anwachsen durch kräftiges Andrücken mit einer Walze unterstützen.

son über erhältlich. Besonders hochwertige Grasarten und -sorten gewährleisten, dass sich innerhalb gut eines Jahres die erforderliche dichte, unkrautfreie Narbe bildet. Eine optimale Versorgung mit Wasser und Nährstoffen während dieser Zeit sowie regelmäßige Schnittmaßnahmen tun ein Übriges. Zur »Ernte« wird der Rasen 1,5–2 cm tief abgeschält, sodass der Großteil des Wurzelfilzes erhalten bleibt. Man schneidet ihn zum Transport in 40–50 cm breite, 1,50–2 m lange Streifen und rollt diese zum Transport wie einen Teppich zusammen.
Da der Rasen lebt, kann er in dieser Transportform sowohl sich erhitzen und verdursten als auch faulen. Deshalb ist es wichtig, dass man ihn möglichst frisch verarbeitet. Am besten lassen Sie ihn auf Termin liefern oder holen ihn unmittelbar vor dem Verlegen beim Hersteller ab. Schon beim Antransport sollte man darauf achten, dass die Rollen nicht zu hoch gestapelt sind. Ist die Verlegung innerhalb von 36 Stunden nach dem Schälen aus irgendeinem Grund nicht möglich, so empfiehlt es sich, die Bahnen an einem schattigen Platz abzurollen und feucht zu halten.

Bodenvorbereitung

Für das Verlegen des Rollrasens ist die Fläche ebenso vorzubereiten wie für die Aussaat. Das heißt, Fremdkörper und Unkräuter werden ausgelesen, der Boden wird feinkrümelig gelockert, gefestigt und geebnet. Dabei ist es mindestens so wichtig wie bei der Ansaat, dass der Untergrund absolut eben ist. Unregelmäßigkeiten machen sich später überproportional bemerkbar.

Es unterstützt das Anwachsen, wenn Sie etwa 40 g eines Rasen-Volldüngers pro Quadratmeter oberflächlich einarbeiten.

Verlegen von Fertigrasen

Beginnen Sie mit dem Verlegen der ersten Reihe möglichst entlang der längsten geraden Kante; dadurch werden die Schnittverluste an den übrigen Kanten minimiert. Drücken Sie die Bahnen jeweils gleich an.
Dabei arbeitet man vorwärts, das heißt, man lässt die vorbereitete Fläche unberührt und arbeitet von den bereits verlegten Bahnen aus. Um diese zu schonen und Trittlöcher zu vermeiden, kann man ein Brett unterlegen. Schließen Sie die Stücke so dicht aneinander, dass möglichst keine Lücken erkennbar sind. Die jeweils benachbarte Bahn sollten Sie so verlegen, dass die Anschlussstellen nicht nebeneinander, sondern versetzt liegen. Bei nicht ganz senkrechten Linien sind überlappende Kanten notfalls mit dem Spaten oder einem Messer nachzuschneiden. Bei runden Abschlüssen kann ein Schlauch als Formgeber dienen. Die Schnittreste lagert man wiederum an einer schattigen Stelle und wässert sie bei Bedarf, um sie zum Füllen kleine-

Überstehende Kanten werden mit dem Messer nachgeschnitten, Lücken mit zurechtgeschnittenen Stücken gefüllt.

rer Lücken oder später erkennbarer Fehlstellen zu benutzen. Auch bei bestem Bemühen sind kurz nach dem Verlegen die meisten Anschlussstellen gut erkennbar. Um das rasche Überbrücken mit querwachsenden Wurzeln zu fördern, kann man diese Lücken mit gewaschenem Quarzsand (Körnung 0–2 mm) füllen.
Um optimalen Bodenkontakt herzustellen, empfiehlt es sich, die Soden mit einer Walze anzudrücken. Bewegen Sie sich dabei schräg zur Verlege-Richtung.
Wenn abschließend kräftig beregnet und auch in den nächsten 14 Tagen ein Austrocknen verhindert wird, wächst der Fertigrasen rasch an. Schon nach einer Woche können Sie bei einer Stichprobe zahlreiche Wurzelchen entdecken. Um das Erreichte nicht zu gefährden, sollte die Fläche auch in den nächsten 8 Wochen nicht austrocknen.
Rasensoden lassen sich im Prinzip nach denselben Angaben verlegen. Natürlich können Sie, anstatt selbst zu verlegen, einen Betrieb des Garten- und Landschaftsbaus damit beauftragen.

Der erste Schnitt
Sofern er nicht vertrocknet ist oder anderweitig bei Transport und Verlegen geschädigt wurde, wächst der Rollrasen ohne Unterbrechung weiter. Daher darf er bereits etwa eine Woche danach wieder gemäht werden, spätestens bei einer Halmhöhe von 8 cm. Da die Soden noch nicht vollständig angewurzelt sind, sollten Sie mit möglichst scharfen Messern arbeiten und den Rasenmäher schräg zur Verlegerichtung bewegen.
Auch in der Folge sollten Sie diese Maßgaben noch beachten und den Rasen nie austrocknen lassen. Erst nach fünf bis sechs Wochen kann man dann davon ausgehen, dass er bis in eine Tiefe von etwa 10 cm verwurzelt und damit sicher verankert ist. Ab jetzt darf, je nach Zweck des Rasens, auf normale Pflegemaßnahmen umgestellt werden, was Bewässerung und Düngung betrifft.

Rasensoden

Rollrasen wird überwiegend von Profis zum raschen Belegen großer Flächen produziert. Aber es geht auch ganz einfach mit abgestochenen Rasensoden. Um Fehlstellen auszubessern oder Lücken zu füllen, die zum Beispiel durch das Roden eines Gehölzes in der Rasenfläche entstanden sind, genügen einige wenige Soden.
Wenn Sie über ein unkrautfreies, dicht gewachsenes Rasenstück verfügen, das an dieser Stelle

Mit einzeln abgestochenen Rasensoden aus anderen Bereichen lassen sich Fehlstellen rasch »reparieren«.

nicht unbedingt benötigt wird, können Sie es in der erforderlichen Größe abstechen, und zwar so tief, dass der wichtigste Teil der Wurzelschicht enthalten bleibt. In der Regel sind solche Soden wesentlich dicker als der extra dünn produzierte Rollrasen. Dadurch sind sie auch schwerer, aber das fällt bei geringem Flächenbedarf nicht so sehr ins Gewicht. Das Verlegen und Anwachsen verläuft nach denselben Prinzipien wie beim Rollrasen.

Pflanzrasen

Wesentlich aufwändiger als das Verlegen ganzer Rasenbahnen ist das büschelweise Pflanzen von Gräser-Jungpflanzen. Diese Methode führt etwas schneller zu einem dichten Rasen als die Aussaat, aber nicht so schnell wie der Rollrasen.
Es sind vor allem Straußgräser wie Flechtstraußgras *(Agrostis stolonifera)* und Hundsstraußgras *(Agrostis canina)*, die mit ihren kriechenden Ausläufern und breiten, flach am Boden liegenden Halmen rasch eine geschlossene Narbe bilden. Ein solcher Pflanzrasen muss nur selten gemäht werden, neigt allerdings auch zum Verfilzen. Als Zierrasen ist er deshalb weniger geeignet.

Blühende Inseln

Auch wenn der Rasen als grüner Teppich konzipiert ist, so muss er doch nicht völlig ohne Blüten bleiben. Eine Möglichkeit, der Blumen- oder Kräuterrasen, wurde bereits in einem vorangegangenen Kapitel behandelt (Seite 18). Die Aussaat des geeigneten Saatguts erfolgt im Grunde genauso wie die eines reinen Gras-Rasens. Man kann bestenfalls im Vorfeld beim Ausjäten der Wildkräuter etwas nachlässiger sein, weil diese ja teilweise willkommen sind. Eine Düngung wäre störend.

Mehrjährige Blumen und Kräuter im Rasen

Wenn sie nicht schon bei der Aussaat eingemischt wurden, kann man Gruppen von wiesengeeigneten Stauden auch noch nachpflanzen. Der weitaus häufigere Weg allerdings dürfte sein, dass sich im Rasen von selbst standortgemäße Wildkräuter ansiedeln, an deren Blüte man Gefallen findet.
In der Regel muss sich der Rasenbesitzer mit diesen Pflanzen nicht viel Mühe geben. Es kommt lediglich darauf an, sie zur Blüte kommen zu lassen und

Wer genügend Platz und Geduld hat, der lässt beim Mähen Inseln stehen, auf denen wie hier Margeriten oder andere Wiesenstauden blühen dürfen.

Die Zwiebeln von Frühlingsblühern werden unregelmäßig im Rasen verteilt.

Zum Lohn für das Einstreuen von Krokus-Zwiebeln wird man im Frühling von einem fröhlichen, natürlich wirkenden Blütenteppich begrüßt.

nicht mit sturer Regelmäßigkeit vorher abzumähen. Manche dieser Pflanzen breiten sich durch Ausläufer in geschlossenen Beständen aus und brauchen wie z. B. die Wiesenmargerite aufgrund eines langen Stiels einen etwas längeren Anlauf bis zur Blüte. Lässt man die entsprechenden Bereiche einfach ungemäht, kommt es jedoch zu regelrechten Inseln. Für magere, saure Böden wäre der Wiesensalbei ein schönes Beispiel. Durch Beobachtung solcher Pflanzengruppen kommen Sie sicher rasch dahinter, welche Flächen Sie dazu in welchem Zeitraum beim Mähen umgehen müssen. Margeriten zum Beispiel zeigen schon ab Frühsommer bis in den Herbst ihre einfachen, fröhlichen Blüten – wenn man sie lässt.

Frühlingsblüten aus der Zwiebel

Etwas gezielter lässt sich mit Zwiebelblumen vorgehen: Hier können Sie die passende Art nach Blütenfarbe und -termin auswählen und nach Wunsch platzieren. Wenn die eine oder andere Art dann verwildert, kommt das nur der natürlichen Wirkung zugute. Allerdings beschränkt sich der Blütezeitraum hauptsächlich auf das Frühjahr. In Frage kommen in erster Linie Schneeglöckchen, Wildkrokus *(Crocus tommasinianus, Crocus sieberi)*, Märzbecher *(Leucojum)*, Schneeglanz *(Chionodoxa)*, Blaustern *(Scilla)*, Traubenhyazinthe *(Muscari)* und die Dichternarzisse *(Narcissus poeticus)* sowie Tulpen. Zwei verwandte Arten bereichern auch noch das späte Gartenjahr, nämlich Herbstzeitlose und Herbstkrokus. Mit Ausnahme der letzten beiden, die im frühen Sommer gelegt werden, setzt man die Zwiebeln jeweils im Herbst (Ende August bis Mitte Oktober). Ein bestehender Rasen wird bei dieser Prozedur kaum beeinträchtigt.

Eine Anordnung in gleichmäßigen Abständen, wie von Gemüse und Blumen gewöhnt, sieht bei Blumenzwiebeln im Rasen völlig unnatürlich aus. Nehmen Sie stattdessen einige Zwiebeln in die Hand und lassen sie auf den Boden purzeln. Wenn Sie sie so setzen, wie sie zufällig gefallen sind, wirkt das in der Regel recht natürlich.

Wichtig, damit die Blumenzwiebeln wieder zu Kräften kommen: Mähen Sie die Laubhorste nicht, bevor sie einziehen.

Gruppenweise setzen

Am besten kommen die Blüten zur Wirkung, wenn man sie in Gruppen pflanzt. Schon bei der Artenauswahl sollte man sich auf eine oder zwei beschränken. Wählen Sie außerdem einen bestimmten Bereich, vor einem Zaun, vor einer Gehölzgruppe, unter einem Baum oder entlang eines Weges zum Beispiel.
Bei dichter Pflanzung in geschlossenen Bereichen wird man am besten vorsichtig die Rasensoden der jeweiligen Fläche abheben und dann die Zwiebeln setzen. Als Regel gilt: Etwa 2–3-mal so tief setzen, wie die Zwiebeln dick sind. Bei Schneeglöckchen, Krokus und Blaustern sind das 3–5 cm, bei Märzbecher und Traubenhyazinthe 5–8 cm und bei Tulpen und Narzissen 12–15 cm.
Ebenso gut können Sie die Zwiebeln einzeln mit dem Zwiebelpflanzer legen. Nach Möglichkeit sollte aber auch bei dieser Technik die ausgestochene Rasensode wieder eingesetzt werden. Die Pflanzlöcher werden mit Erde aufgefüllt, darüber können Sie die Rasensoden auflegen und kräftig angießen. Bei trockener Witterung sollten Sie auch in der Folgezeit durch Beregnen das Anwachsen fördern.

Frühstücken in einer Wolke aus Dichternarzissen? Auch dieses poetische Ereignis lässt sich ohne gärtnerische Spezialkenntnisse in Szene setzen.

Die Pflege danach

Wenn alles richtig gemacht wurde, dürfen Sie sich schon im nächsten Jahr an den Blüten erfreuen. Bei Tulpen und Narzissen empfiehlt es sich, die verwelkten Blüten abzuschneiden. Die Laubhorste dagegen sollten nicht gleich abgemäht werden. Sonst können die Zwiebeln keine Kräfte sammeln – und lassen sich bald nicht mehr blicken. Stattdessen umgeht man die mit Zwiebeln bepflanzten Bereiche beim Mähen so lange, bis das Laub von selbst vergilbt und einzieht.

Einen Schotterrasen anlegen

Schotterrasen unterscheidet sich von üblichen Rasenanlagen durch seinen steinigen Boden, was für die Vegetation bedeutet: mager und durchlässig. Der Schotter erlaubt einen Gasaustausch zwischen Boden und Luft und lässt Niederschläge rasch abfließen, weshalb der Bewuchs Trockenheit gut vertragen muss. Es handelt sich daher um eine Trockenrasen-Gesellschaft.
Der Ausgleich für diese Einschränkung: Eine derartige Fläche ist trittfest und kann mit entsprechend stabilisiertem Untergrund sogar ohne Schaden des Öfteren (wenn auch nicht regelmäßig) von Fahrzeugen befahren werden.

Spezialfall Schotterrasen: Auf dem trockenen, mageren Untergrund gedeihen Kostbarkeiten wie der Wiesensalbei. Gleichzeitig ist die Fläche sehr belastbar.

Einschichtige Bauweise

Der einschichtige Aufbau ist leichter zu realisieren und wird von den meisten Fachleuten favorisiert, zumindest auf tragfähigem Boden.
Nach dem Aushub muss der Untergrund festgestampft werden. Auf sehr nassen Böden empfiehlt es sich, noch ein Vlies einzulegen, damit sich der weiche Unterboden nicht nach oben arbeiten kann.

Als Vegetationsschicht verwendet man Schotter der Körnung 32–45 mm, eventuell auch bis 63 mm. Die Schicht muss mindestens 10 cm stark sein, unter Umständen bis zu 30 cm – je stärker, desto stabiler. Bei dickeren Schichten empfiehlt sich ein Auftrag in mehreren Lagen, wobei die Zwischenräume jeweils mit feinem Substrat eingeschlämmt werden.
Der Schotter wird zu 10–25 Prozent mit Gartenerde oder Humus gemischt, damit sich Pflanzen ansiedeln können. Auch ein käufliches Lavaterr-Gemisch hat sich bewährt.

Mehrschichtige Bauweise

Der mehrschichtige Aufbau nach dem Vorbild wassergebundener Kieswege erfordert höheren Aufwand. Aber dadurch wird auch die Belastbarkeit erhöht, was vor allem bei schweren Böden oder bei häufiger Befahrung nötig sein kann.
In diesem Fall wird nach dem Aushub eine Tragschicht aus grobem Material eingefüllt, am besten Schotter oder Rundkies der Körnung 0–32 bis 0–50. Die Stärke variiert je nach Nutzung und Boden: Für einen Fußweg auf sandigem Boden genügen

Für die einschichtige Bauweise genügt eine 10 cm starke Schotterschicht. Soll die Fläche stärker belastbar sein, so ist darunter noch eine Tragschicht vorzusehen.

10 cm, während eine Einfahrt auf undurchlässigem Boden bis zu 40 cm verträgt. Zur Not kann man auch mit Ziegelbruch, Bauschutt oder Schlacke improvisieren. Die Lage wird stabilisiert, indem man Brechsand oder Splitt der Stärke 3–8 mit Wasser in die Zwischenräume schwemmt und anschließend verfestigt.
Erst darüber folgt die Vegetationsschicht aus Splitt, mit Humus gemischt. Hier reicht schon eine Stärke von 5 cm aus.

Die Wuchsdecke

Von selbst siedeln sich zahlreiche einjährige Arten an, unter anderem Einjähriges Rispengras sowie Kräuter wie Breitwegerich und Vogelknöterich. Zu den attraktiveren Arten, die in Samenmischungen vorkommen, gehören Wiesenknopf *(Sanguisorba minor)*, Gamander-Ehrenpreis *(Veronica teucrium)*, Zittergras *(Briza)* und Trespe *(Bromus)* sowie Wiesensalbei *(Salvia pratensis)*.
Es empfiehlt sich, die Oberfläche vor der Einsaat gut anzudrücken. Das Saatgut wird mit Sand vermischt, um es gleichmäßiger verteilen zu können, anschließend leicht eingerecht und eingewässert. Auch dieser Trockenrasen ist mindestens einmal jährlich zu mähen.

Ein typischer Bewohner trockener Magerrasen: die Karthäusernelke. Sie gedeiht anspruchslos auch auf Gründächern und anderen künstlichen Standorten.

Eine Reihe Großpflaster oder Klinker oder zwei bis drei Reihen Kleinpflaster können einen ebenerdigen Abschluss des Schotterrasens bilden. Meist lohnt es sich, diesen Belag durch einen Betonkeil zu den Seiten hin zu stützen.

Mit kräftig blauen Blüten ist der Ährige Ehrenpreis ein hübscher Vertreter der heimischen Trockenrasenflora, der sich auch als Attraktion für den Schotterrasen eignet.

Zur Einsaat eignet sich eine Regelsaatgutmischung, zum Beispiel eine Mischung aus je 20 Prozent Herbst- und 20 Prozent Ausläufer-Rotschwingel sowie je 30 Prozent Weidel- und Wiesen-Rispengras, oder 15–20 g von RSM 5.1 pro Quadratmeter.
Wer nicht akzeptiert, dass zwischen den Schottersteinen auch Kräuter keimen, der muss mit einem höheren Pflegeaufwand rechnen. Hacken oder stechen Sie die aufkeimenden Unkräuter von Zeit zu Zeit aus. Zur Giftspritze sollte man nur im äußersten Ausnahmefall greifen.

Blühender Schotterrasen

Ein spezieller Produzent von Blumenwiesen (Syringa) bietet eine blütenreiche Schotterrasenmischung für Sitz- und Parkplätze, Garagenauffahrten sowie als Einsaat für Rasengittersteine an. Die Mischung aus 70 Prozent Gräsern und 30 Prozent Kräutern besteht auf der Gräserseite aus Schafschwingel und zwei Rotschwingel-Unterarten. Für die Blüten sorgen Kräuter wie Schafgarbe, Heide- und Kartäusernelke, Feldthymian, Scharfer und Weißer Mauerpfeffer, Natterkopf, Habichts- und Leimkraut sowie Herbst-Löwenzahn. Eine stabile Gemeinschaft bildet sich oft erst im dritten Jahr nach der Aussaat aus.
Alternativ kann man in voll sonnigen Lagen auch einen basischen Trockenrasen anlegen. Die hierher passenden Pflanzen der stickstoffarmen Kalkmagerwiesen weisen eine große Vielfalt auf. Neben Zittergras und Trespe blühen hier Wiesenmargerite, Kalk-Aster, Rundblättrige und Knäuel-Glockenblume, Mädesüß, Kartäusernelke, Schlüsselblume, Johanniskraut, Wegwarte, Wilde Möhre, Dorniger Hauhechel, Odermennig und Wundklee.
Die Fläche kann je nach Bedarf und Nutzung gemäht werden.

auf einen blick

- Die Wahl des geeigneten Saatguts und der sinnvolle Einsatz von Technik sollten vor der Rasenanlage geklärt sein.
- Randbefestigungen sollten bodeneben sein.
- Anzustreben ist ein lockerer, durchlässiger und ebener Untergrund.
- Bei der Aussaat das Saatgut gleichmäßig verteilen, die Fläche 5–6 Wochen lang feucht halten, nicht betreten; erster Schnitt bei 8–10 cm Höhe.
- Stauden oder Blumenzwiebeln bilden blühende Inseln.
- Mit Rasensoden und Rollrasen lässt sich schnell begrünen.
- Schotterrasen mit entsprechendem Unterbau kann befahren werden.

OHV

Alles über den Rasenschnitt

Mähen ist unumgänglich, wenn man eine Rasenfläche nutzen will. Es gehört zu den mühevollsten und zeitaufwändigsten Gartenarbeiten, doch man kann auch eine Wissenschaft oder Motorsport daraus machen. Suchen Sie sich eine lustvolle Methode aus!

Handrasenmäher arbeiten klassisch mit der Spindel. Mit dieser Technik lässt sich besonders sauber schneiden.

Der Zusammenhang von Pflegeintensität und Schnitttechnik

Bei manchen Gärtnern scheint es, als ob sie morgens, mittags, abends oder am Wochenende als erste Freizeitaktivität den Rasenmäher anwerfen. Der Grund kann – vorwiegend bei Männern – ein technisch besonders interessantes Mähermodell sein. Oder aber man hat einfach Lust auf einen perfekten grünen Teppich und sieht deshalb den Mähgang nicht als Mühsal, sondern als notwendige Kulturarbeit an. Meist gehen mit dieser Einstellung auch regelmäßige Bewässerungs- und Düngungsmaßnahmen einher.

◀ Dass das Rasenmähen häufig eine schweißtreibende Angelegenheit ist, hat auch seine Vorteile: Manch einer spart dadurch den Beitrag fürs Fitness-Center.

Sichel- oder Spindelmäher?

Die als Motor- und Elektromäher bei uns am weitesten verbreiteten **Sichelmäher** besitzen horizontale Balkenmesser, die sich durch den Antrieb wie ein Propeller drehen. Die Halme werden dabei nicht sauber geschnitten, sondern abgeschlagen, sodass die Spitze ausfranst und beim Verheilen verbräunt. Das sieht man der Fläche dann oft auch an. Der **Spindelmäher** dagegen schneidet jeden Grashalm sauber ab. Die Wunde bleibt klein, kann sich rasch verschließen und entwickelt keine Verbräunung. Das kommt daher, dass sich eine waagrecht liegende Walze (Spindel), die mit meist fünf spiralförmigen Messern besetzt ist, an einem feststehenden Gegenmesser vorbeidreht. Dieser scherenartige Mechanismus erlaubt einen besonders glatten und sauberen Schnitt; zur Prüfung der Messerschärfe kann man damit sogar ein dünnes Stück Papier zerschneiden. Daher sind Spindelmäher in englischen Gärten das bevorzugte Modell.

Perfekte Golfgreens sind nur mit einem Spindelmäher denkbar. Er kann auch deutlich tiefer schneiden als ein Sichelmäher; das fördert die Entwicklung einer besonders dichten Grasnarbe.

Empfindsame Spindelmesser

Die ersten Handrasenmäher waren Spindelmäher. Mittlerweile gibt es dieses Modell auch mit Elektromotor. Für Flächen über 300–400 m^2 Rasen ist es dennoch nicht die erste Wahl. Auch für längeres Gras sind Spindelmäher nicht geeignet:

Halme, die die Hälfte des Spindeldurchmessers überragen, können nicht mehr sauber geschnitten werden. Bei einer Spindel von 16 cm Durchmesser dürfte das Gras also höchstens 8 cm hoch sein.
Fremdkörper wie Steine oder Spielzeug im Rasen können das Messer beschädigen und dadurch den sauberen Schnitt massiv beeinträchtigen. Wenn unachtsam gearbeitet wird, ist bereits nach einem Jahr ein Schleifen erforderlich, bei sorgsamem Umgang allerdings erst nach fünf bis sechs Jahren.
Das Schleifen der Spindelmesser erfordert einen relativ hohen Aufwand; die Möglichkeiten und Kosten sollten Sie möglichst schon beim Kauf erfragen. Bei preiswerten Handgeräten lohnt sich das Nachschleifen kaum.

Solche Rasenmuster kennt man vornehmlich von englischen Sportstätten. Sie werden in der Regel mit Hilfe von Spindelmähern erzeugt.

Überblick: Vor- und Nachteile von Spindel- bzw. Sichelmäher

	Vorteile	Nachteile
Spindelmäher	Exakter, sauberer Schnitt	Häufigeres Mähen erforderlich
	Tiefere Schnitteinstellung, dadurch dichtere Narbe möglich	Vorher sorgfältig Fremdkörper von der Fläche entfernen
	Kein Verbräunen der Halmspitzen	Aufwändiges Schleifen der Messer
	Rasenmuster möglich	
Sichelmäher	Besser für große Flächen geeignet	Unsauberer Schnitt mit der Folge verbräunter Halmspitzen
	Gras darf höher wachsen	Nicht geeignet für perfekten englischen Rasen oder gar Muster
	Einfaches Nachschleifen	

Rasenmuster

Sie hätten gerne so ein Rasenmuster, wie man es bei zahlreichen Sportübertragungen bewundern kann? Die gleichmäßigen Streifen werden in der Regel mit Spindelmähern erzeugt, indem zunächst nur jeder zweite Streifen gemäht wird, die restlichen im Abstand von wenigen Tagen danach. Es geht aber auch mit Walzen, die den eben geschnittenen Rasen streifenweise in eine Richtung knicken.

Mulchmäher

Diese Motorgeräte schneiden das Gras nicht nur ab, sondern häckseln es im geschlossenen Gehäuse meist mit Hilfe eines zweiten Messers klein und verteilen es gleichmäßig. Die Folge: Erstens fällt das Schnittgut nicht störend auf; zweitens kann es so am Boden rasch zersetzt werden und führt damit sowohl organisches Material als auch Nährstoffe zurück in den Stoffkreislauf. Mulch wirkt bei ausreichender Besonnung dem Mooswachstum entgegen, der Boden bleibt länger feucht. Zudem entfällt das mühsame Zusammenrechen und Entsorgen des Grasschnitts, wie es sonst erforderlich ist.

Diese Technik gewinnt immer mehr Freunde, nicht zuletzt aufgrund der zunehmend schwieriger werdenden Entsorgung des Grasschnitts. Besonders beliebt sind Kombigeräte, die sich auch mit einem Fangsack ausrüsten lassen. Notfalls kann man sogar das zweite Mulchmesser ausbauen.

Pro und contra Mulchmäher

Pro	Contra
Kein Rechen, keine Entsorgen des Grasschnitts erforderlich	Mähen in kürzeren Abständen erforderlich (Problem: Urlaubszeiten)
Zersetztes Material ersetzt Düngung	Zusätzliche Stickstoffdüngung unerwünscht
Boden wird länger feucht gehalten	Gefahr der Rasenfilz-Bildung, höhere Befallsgefahr durch Pilzkrankheiten
Ökologisch und wirtschaftlich sinnvoll	Für reinen Zierrasen nur bedingt geeignet

Bei manchen Mähern kann das zweite Messer für die Mulchfunktion separat ein- und ausgebaut werden.

Beim Mulchmäher werden die abgeschnittenen Halmspitzen durch die Luftzirkulation hochgewirbelt und im Innenraum mit Hilfe eines zweiten Messers weiter zerkleinert.

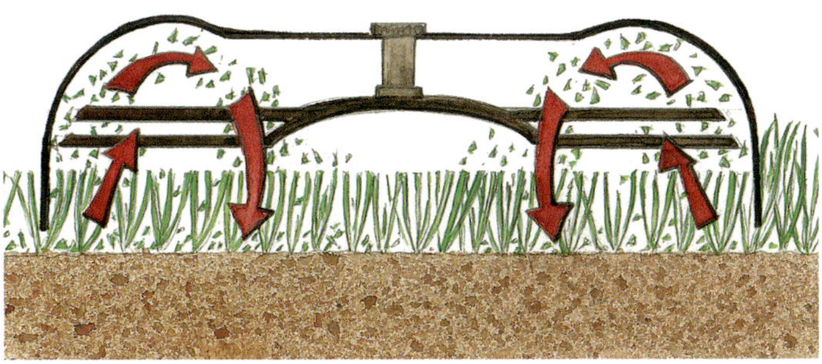

Allerdings muss häufiger gemäht werden, ein- bis sogar zweimal pro Woche, und dennoch nicht zu tief. Längeres und derberes Schnittmaterial neigt zum Verklumpen, zersetzt sich schlechter und kann daher zum Verfilzen des Rasens führen. In einer zu kurzen Narbe würde außerdem das Schnittgut nicht unsichtbar verschwinden.

Ab 200 m² lohnt sich ein Elektro-, ab 500 m² ein Motormäher. Auch die Schnittbreite sollte auf die zu pflegende Fläche abgestimmt sein: je größer, desto breiter.

Die Grundausstattung eines Mähers

Bei der Anschaffung eines Rasenmähers steht man vor einer riesigen Auswahl unterschiedlichster Typen und Größenklassen von zahllosen Herstellern. Da dieses Arbeitsgerät häufig benutzt wird, lohnt es jedoch, sich über den geeigneten Typ und die entscheidenden Qualitätskriterien zu informieren.
Die Rahmenbedingungen werden durch die Größe der Rasenfläche sowie die vorgesehene Pflegeintensität abgesteckt. Bei Flächen bis 200 m² fällt es leicht, sich mit einem einfachen Handmäher zu begnügen. Geht der Rasen über dieses Maß hinaus, lohnt es sich, ein Motorgerät anzuschaffen. Ab etwa 500 m² reinen Rasens kommen die Vorteile eines Benzinmähers gegenüber der Elektrovariante deutlich zum Tragen.

Gut prüfen vor der Anschaffung

Man kann für einen Rasenmäher Tausende von Euro ausgeben, vor allem wenn man sich in den Profibereich bewegt. Diese Geräte sind allerdings so gebaut, dass man in der Saison täglich mehrere Stunden damit arbeiten kann. Diese Anforderung schießt im Hobbygartenbereich weit über das Ziel hinaus, auch preislich.
In den Schriften der Stiftung Warentest werden in regelmäßigen Abständen die aktuell angebotenen Produkte bewertet. Allerdings ist diese Bewertung nicht immer identisch mit den langjährigen Erfahrungen von Praktikern und Mechanikern. Gute Fachbetriebe ermöglichen einen einmaligen Probebetrieb des ins Auge gefassten Modells. Nur auf diese Weise lässt sich praxisnah herausbringen, ob Handhabung und Leistung den erwarteten Normen entspricht.

Der »Bewegungsapparat«

Das Gehäuse des Rasenmähers kann aus Aluminium, Stahl oder Kunststoff bestehen. Alle drei Materialien werden zum Schutz des Anwenders strengen Prüfungen unterzogen. Stahlgehäuse verursachen natürlich das größte Gewicht.
Mit Ausnahme von Luftkissenmähern (siehe Seite 50) bewegt sich ein Mäher auf Rädern, und zwar in der Regel auf vier. Seltener gibt es dreirädrige Varianten, die besonders wendig sind. Kugelgelagerte Räder gewährleisten langfristig gutes Lauf- und Lenkverhalten. Auch die Stabilität des Holms trägt zu Qualitäts- und damit Preisunterschieden bei.

Die Schnittbreite

Hand- und Spindelmäher sowie alle nachgenannten Bauweisen gibt es von den Herstellern je-

Achten Sie darauf, dass sich die Schnitthöhe zumindest im von Ihnen vorgesehenen Bereich leicht einstellen lässt.

weils in verschiedenen Schnittbreiten. Entscheidend für Ihre Auswahl sind eventuelle Engstellen, die das Arbeitsmaß begrenzen, und vor allem die Fläche: je größer, desto breiter darf auch das Messer sein, um die Arbeit mit weniger Umläufen zu bewältigen. Da allerdings bei größerer Breite auch das Schieben mühseliger wird, empfiehlt sich umso mehr ein Radantrieb (siehe Seite 53).

Die Schnitthöhe

Die Schnitthöhe eines Mähers lässt sich in der Regel innerhalb bestimmter Grenzen einstellen. Häufig wird mit einer zentralen oder einer stufenlosen Verstellbarkeit geworben.
Natürlich muss die gewünschte Höhe möglichst problemlos einstellbar sein. Ansonsten aber sollte man dieses Merkmal nicht überbewerten, weil die Schnitthöhe meist einmal eingestellt und nur selten verändert wird. Achtung: Die verschiedenen Hersteller gehen bei ihren Zahlen nicht immer vom selben Bodenhorizont aus! Dadurch lassen sich auch unterschiedliche Zentimeter-Angaben für die gleichen Rasentypen erklären.

Der Fangkorb

Ein Fangkorb ist besonders wichtig bei häufigem kurzem Schnitt, denn das klein geschnittene Material lässt sich später nur schwer sauber herausrechen. Geräte ohne Auffangeinrichtung werfen das Schnittgut meist seitlich aus, sodass es von den schmalen Streifen leichter gesammelt werden kann als bei flächigem Auswurf. Zu achten ist auf die Aufhängung des Fangkorbs und wie leicht man ihn abnehmen kann. Eine kleine Box, die oft geleert werden und dennoch mit relativ hohem Füllgewicht umständlich aus der Befestigung gehievt werden muss, ist Anlass für ständiges Ärgernis. Ebenso ärgerlich ist es, wenn die Aufhängung so liederlich ist, dass der Korb bei jeder Bodenunebenheit herausspringt. Daher kann man nur empfehlen, diese Abläufe nach Möglichkeit vor dem Kauf eines Geräts im Praxiseinsatz zu testen.
Hilfreich ist außerdem eine Füllstandsanzeige. Andernfalls muss man entweder ständig nachschauen – oder in Kauf nehmen, dass sich bei überfüllter Box das Schnittgut bis in den Mähbereich zurückstaut und durch eine gedrosselte Leistung bemerkbar macht.

Wer nur wenig Stauraum hat für seine Gartengeräte, der sollte darauf achten, dass sich der Holm leicht einklappen lässt.

Der Fangkorb sollte leicht abnehmbar sein und eine ausreichende Menge des Schnittguts fassen können.

Rasenmäher im Überblick

Beim Handrasenmäher wird die Spindel beim Vorwärtsschieben über die Antriebsräder in Bewegung gesetzt. Eine kugelgelagerte Leichtlaufwalze erleichtert das Schieben erheblich gegenüber früheren Zeiten. Andererseits erspart die etwas schweißtreibende Betätigung manche Stunde im Fitness-Studio.

Mit den gängigen Viertaktmotoren lassen sich die gestiegenen Anforderungen des Umweltschutzes leichter erfüllen.

Kraftvoll: der Benziner

Nicht zuletzt wegen ihrer einfachen Konstruktion haben sich bei den Benzinmotoren Sichelmäher durchgesetzt: Das Messer wird direkt über eine vertikale Welle angetrieben. Bei hoher Drehzahl (ca. 3000/min) liefern auch relativ stumpfe Messer noch gute Schnittleistungen. Allerdings werden die Halme dabei weniger geschnitten als abgeschlagen (siehe Seite 43).
Ein oft entscheidendes Argument gegen Benzinmotoren sind der Lärm und die Abgase. Durch gesetzliche Maßnahmen wird der Geräuschpegel ständig herabgeschraubt; heute darf ein Gerät mit bis zu 50 cm Schnittbreite den Wert von 94 dB(A) nicht überschreiten. Neue Modelle halten solche Vorgaben in der Regel leicht ein, namhafte Hersteller sind der Entwicklung meist sogar einige Jahre voraus. Alte Geräte hingegen können plötzlich rechtswidrig sein, wenn die Lärmschutz- und Emissionsgesetze wieder verschärft werden.

Vom Zweitakt- zum Viertaktmotor

Die Qualität der Motoren ist ein für Leistung, Handhabung und auch den Preis entscheidendes Kriterium. Zwar genügt eine Leistung um 3 KW im Allgemeinen völlig. Dennoch gibt es gravierende Unterschiede, die die Preise zwischen etwa 120 Euro und mehr als dem Zehnfachen schwanken lassen. Es lohnt, sich für Qualität zu entscheiden; ein langlebiger Motor kann später auch ohne große Problem auf ein neues Gehäuse gebaut werden. Früher besaßen Benzinmäher überwiegend Zweitaktmotoren, die mit einem Benzin-Öl-Gemisch betrieben werden. Sie haben vor allem Vorteile im Pflegeaufwand und bei Betrieb auf hängigem Gelände. Heute beschränkt sich diese Art hauptsächlich auf

Spezial-Benzin bringt Vorteile für Motor und Umwelt

Normales Benzin von der Tankstelle ist mit Anti-Klopf-Zusätzen für Kfz versetzt, die beim Rasenmäher zum Beispiel den Vergaser eher belasten. Ein speziell für Mäher angebotenes Benzin (Hersteller: Stihl, Aspen) schont einerseits den Motor, bringt aber auch dem Nutzer und der Umwelt massive Vorteile, weil die Abgase dieses Benzins so gut wie geruch- und schadlos sind.

Ob Federzug, Elektro- oder Handstart: Je hochwertiger der Motor, desto leichter lässt er sich starten.

handtragbare und einige Profi-Geräte.
Das hat unter anderem damit zu tun, dass sich die gestiegenen Anforderungen des Umweltschutzes leichter mit Viertaktmotoren erfüllen lassen. Sie sind zwar schwerer, dabei aber leiser und blasen weniger Abgase in die Luft. Viertakter brauchen ganz normales Benzin und müssen separat geschmiert, also mit Öl versorgt werden.

Erfolgreich starten

Auch für den Starter ist zuvorderst die Qualität des Motors ausschlaggebend: Ein hochwertiger Motor lässt sich mit deutlich weniger Kraftaufwand anlassen. Das macht sich natürlich beim Handstarter bemerkbar, aber auch beim Elektrostarter; denn der braucht neben dem Anlasser einen Akku, der sich bei kalter Überwinterung rasch entlädt und nach zwei Jahren verbraucht sein kann.
Eine weitere Möglichkeit für den Start ohne Kraftaufwand bietet ein Federzug (z. B. »Quick-Start«, Viking), der per Knopfdruck die nötige Startenergie auslöst.
Entscheidend ist hierbei, dass gleich beim ersten Versuch die Zündung erfolgt; sonst ist nämlich wieder ein Handstart nötig.

Leise Elektro-Mäher

In Deutschland werden am häufigsten die vergleichsweise preiswerten Elektro-Rasenmäher gekauft. Ihre Schnittbreite liegt je nach Hersteller zwischen etwa 30 und 45 cm.
Elektromäher sind geräuscharm, aufgrund ihres geringen Gewichts leicht zu schieben sowie einfach zu starten, zu bedienen und zu warten. Und sie erzeugen keine Abgase.

Hinderliches Kabel

Lästig allerdings ist das Mitziehen des Stromkabels, insbesondere bei großen Flächen oder einem Gelände mit vielen Ecken und Kanten, mit Bäumen und Beeten, die umfahren werden müssen. Ebenfalls nur auf freien Flächen bringen Geräte mit einem Kabelaufwickler Erleich-

Preis für den niedrigen Geräuschpegel bei einfachen Elektromähern ist das Mitziehen des Kabels. Außerdem haben sie in der Regel keinen Fangkorb.

Akkugeräte sind leise, leicht und wendig – und vom Kabel unabhängig. Allerdings ist die Flächenleistung beschränkt.

Ein zweiter Akku erhöht die Leistung, aber auch den Anschaffungspreis.

terung (Wolf). Mit Hilfe eines eigenen kleinen Motors wird dabei überschüssiges Kabel laufend eingezogen.
Die Obergrenze für den sinnvollen Einsatz elektrischer Kabelmäher liegt irgendwo zwischen 300 und 600 m^2 Rasenfläche.

Ideal einzusetzen ist die Luftkissentechnik an steilen Böschungen.
Bei extremer Neigung kann man den Mäher sogar an einem Seil den Hang hinab lassen.

Akkugeräte
Die einfache Bedienbarkeit und Wendigkeit eines Elektromähers lässt sich am einfachsten durch das Weglassen des Kabels toppen. Das gelingt mit Hilfe von Akkus, deren Speicherfähigkeit in der letzten Zeit ständig verbessert werden konnte. Dennoch ist die Flächenleistung beschränkt. Sie liegt je nach Hersteller zwischen 200 und 600 m^2 – danach muss wieder geschoben oder 24 Stunden aufgeladen werden. Das Problem lässt sich durch einen Wechselakku oder durch fortgeschrittenste Technik lösen (z. B. Honda), jeweils zu einem beträchtlichen Aufpreis.
Akkus wollen gepflegt werden. Man sollte sie möglichst erst nach völiger Entladung, aber dann sofort wieder aufladen. Im Winter werden sie in geladenem Zustand frostgeschützt gelagert. Bei unsachgemäßer Wartung ist der Akku nach drei bis fünf Jahren verbraucht. Im Einzelnen sind die Hinweise des jeweiligen Herstellers sowie dessen Garantieleistungen zu beachten.
Seit einigen Jahren gibt es auch Geräte, die sich mit Solarenergie speisen.

Über den Rasen schweben: Luftkissenmäher

Es klingt immer noch ein bisschen wie Science Fiction: die Idee, nahezu reibungslos mit dem Mäher auf einem Luftkissen über die Grasnarbe zu gleiten, bei minimalem Kraftaufwand. Trotz dieser traumhaften Eigenschaften sind Luftkissenmäher (von Bosch, Flymo, Husqvarna) nicht sehr verbreitet.
Das verblüffende Schweben auf einem Luftpolster wird durch ein Gebläse ermöglicht, das Luft in das speziell geformte, leichte Gehäuse drückt. Die Motorleistung (Elektro oder Zweitakt) muss so stark sein, dass neben

Luftkissenmäher sind besonders leicht zu handhaben, eignen sich allerdings nicht für hohes Gras.

Vor- und Nachteile verschiedener Antriebsarten

	Vorteile	Nachteile
Handbetrieb	Preiswerteste Geräte	Anstrengend, zeitaufwändig
	Lautlos, platzsparend, umweltfreundlich	Für größere Flächen und hohes Gras kaum geeignet
	Fördert Fitness	
Benzinmotor	Leistungsstark: für höheres Gras und größere Flächen	Lautstärke Abgase
	Kein störendes Kabel	Aufwändige Wartung
Elektromotor mit Kabel	Leicht, wenig anstrengend	Nicht so leistungsfähig wie Benzinmotor
	Geräuscharm, keine Abgase	Kabelziehen erfordert viel Aufmerksamkeit
	Einfache Bedienung	Dadurch auch zeitaufwändig
	Preiswerter als Benzinmotor	
Elektromotor mit Akku	Leicht, wenig anstrengend	Nicht so leistungsfähig wie Benzinmotor
	Geräuscharm, keine Abgase	Beschränkte Flächenleistung
	Einfache Bedienung	
	Kein störendes Kabel	
Luftkissenmäher	Leichte Handhabung	Nicht für hohes Gras geeignet
	Sehr wendig	Schwierige Einstellung der Schnitthöhe
	Ideal für Böschungen	

dem Gebläse noch das Messer betrieben werden kann.
Das Gras darf für diese Mäher nicht zu hoch sein. Die Verstellung der Schnitthöhe ist nur am Messer unter dem Gehäuse möglich – natürlich bei gezogenem Netz- oder Zündkerzenstecker! Manche Fabrikate arbeiten mit Trimmfäden statt einem Messer. Grasfangboxen sind bei dieser Technik aufgrund des störenden Gewichts eher selten. Dafür lassen sich Luftkissenmäher meist sehr platzsparend aufbewahren.

Mähtechniken für die hohe Wiese

Wer eine Wiese wachsen und blühen lässt, der braucht nur wenige Mähgänge im Jahr. Aber die haben es dann in sich. Durch das hohe Gras kommt man nur mit besonders leistungsfähigen Mähern – oder mit der Sense. Diese alte Mähtechnik muss allerdings erst in der Praxis erlernt und geübt werden; das bleibt auch nach Lektüre eines kenntnisreichen Rasenbuches nicht erspart.

Mit der Motorsense kommt man auch bei hohem Gras und in unwegsamem Gelände zurecht.

Mit der Rasenkantenschere lassen sich die Ränder fein nachbearbeiten. Besonders einfach geht's mit dem Akku-Gerät.

Motorsensen und Balkenmäher

Ansonsten gibt es mehrere technische Lösungen. Da wären zum einen die **Motorsensen,** auch Freischneider genannt, die den Rasentrimmern ähneln und, um den Hals gehängt, frei an einem langen Stiel geführt werden. Im Unterschied zu den Trimmern arbeiten sie allerdings nicht mit einem rotierenden Nylonfaden, sondern mit einem scheibenförmigen Messer.
Der Vorteil dieser Bauweise liegt vor allem in ihrer Beweglichkeit. Damit lassen sich Hänge, Gebüsche und andere schwer zugängliche Stellen am besten ausschneiden. Für größere zusammenhängende Flächen ist sie nicht ideal.
Der **Balkenmäher** läuft meist auf zwei angetriebenen Rädern und schiebt zwei übereinander scherende Messerbalken bodennah vor sich her. Diese offene Arbeitsweise birgt einige Gefahren. Da man außerdem die anfallenden langen Halme kaum weiter verwerten kann, wird diese Technik kaum mehr nachgefragt.

Sehr leistungsfähig sind Allesmäher. Mit Radantrieb schafft er Steigungen ebenso wie hohes Gras und Fremdkörper.

Neuer Favorit: der Wiesen- oder Allesmäher

Stattdessen empfiehlt man heute so genannte Allesmäher, deren starkes Sichelmesser unter einem lockeren Gehäuse bis zu kniehohe Halme aufnehmen und zerkleinern kann. An ihrer Vorderachse ist oft nur ein großes, einzelnes Rad aufgehängt, was die Wendigkeit deutlich verbessert. Ein Radantrieb erleichtert die Handhabung auf hängigem Gelände.
Der Messerantrieb ist bei diesen Modellen von der Motorwelle getrennt, sodass Schläge durch Steine und andere Fremdkörper relativ schadlos hingenommen und auch stärkere Holzteile abgeschlagen werden können.
Die robusten Messer muss man daher nicht unbedingt jährlich schleifen.

Feinbearbeitung von Randbereichen

Wenn man es genau nimmt, sind auch bei der Rasenhygiene Ränder und Kanten die sensibelsten Bereiche. Nur ebenerdige Kantensteine ermöglichen schadlos grenzübergreifendes Mähen.
Für Problembereiche, die mit dem Mäher nicht zu erreichen sind, greift man zu feinerem Werkzeug.

Rasenkantenschneider

An Mäuerchen und an Beeträndern, die gepflegt wirken sollen, kommt die Handrasenschere zum Einsatz. Mit ihr lassen sich auch die unzugänglichsten Stellen sauber freischneiden.
Noch etwas komfortabler sind natürlich elektrische Kanten-

schneider, häufig als kabellose Akku-Geräte im Angebot. Sie lassen sich zum Teil an einem Teleskop-Stiel auf Rädern schieben.
Wie bei jedem Schneidewerkzeug müssen auch bei diesen Kleingeräten gelegentlich die Messer geschärft werden.

Rasen- oder Fadentrimmer

Andere Randbereiche müssen nicht perfekt gepflegt sein, zum Beispiel Baumscheiben, Zaunbereiche und wilde Ecken. Hier kann man sich eines Fadentrimmers bedienen. Dieses Gerät hängt man sich um den Hals und lenkt mit dem stabilen Stiel den rotierenden Nylonfaden in den Schnittbereich. Zu beachten ist, dass der Faden dabei ständig verbraucht wird und nach einiger Zeit ersetzt werden muss.

Der Fadentrimmer ist der kleine Bruder der Motorsense. Man setzt ihn gerne an schlecht zugänglichen Stellen ein.

Schieben, laufen lassen – oder sitzen?

Einfacher Radantrieb mittels Keilriemen.

Hand- und Elektromäher müssen in der Regel geschoben werden; neuerdings gibt es jedoch einen Handspindelmäher mit Akku für den Radantrieb, der gleichzeitig die Messer in Bewegung setzt. Bei Benzinmotoren ist der Radantrieb schon seit längerem verbreitet.

Radantrieb spart mühsames Schieben

Ansonsten sind Messer- und Radantrieb nicht automatisch eins: Während das Messer bei Motorgeräten immer durch dessen Antrieb zum Rotieren gebracht wird, lassen sich die Räder nicht bei allen Mähern damit bewegen – und müssen per Muskelkraft geschoben werden.
Weil das Schieben das Anstrengendste ist beim Mähen, werden Geräte mit Hinterrad- oder gar Allradantrieb immer beliebter. Vor allem in abschüssigen Lagen ist das Bergauf-Schieben ohne diese Hilfe kaum zu bewältigen.

Inzwischen gibt es sogar Elektromäher mit Radantrieb.
Zwischen Radantrieb und Motor sollte immer ein Getriebe geschaltet sein. Bei billigeren Lösungen, die nur per Keilriemen verbunden sind, schlägt diese Verbindung nach wenigen Jahren aus.

Die Gangschaltung

Bei Maschinen mit nur einem Gang kann man die Geschwindigkeit kaum verändern. Das bedeutet, man muss sich dem vorgegebenen Tempo anpassen.
Die Alternative: Man besorgt sich einen Mäher mit Mehrgang-Getriebe. Dieses hat allerdings auch in hochwertiger Ausführung eine kürzere Lebensdauer als der Motor. Es ist damit zu rechnen, dass das Getriebe

So hat Michael Schumacher wohl auch angefangen: Mit einem Aufsitzmäher für Papas Rasen. Der Spaß lohnt sich allerdings erst bei wirklich großen Flächen.

nach etwa acht bis zehn Jahren überholt werden muss.
Eine geschickte Ersatzlösung bietet der so genannte Hydrostat. Mit dieser kleinen Ölpumpe lässt sich die Menge des geförderten Brennstoffs regulieren, und zwar unabhängig von der Drehzahl, sodass die Geschwindigkeit erhöht werden kann, ohne die optimale Einstellung zu verlassen.

Denken Sie daran, dass Sie Rasenmäher wie viele andere Geräte nicht unbedingt kaufen müssen, sondern bei einem Fachbetrieb auch jeweils bei Bedarf gegen Gebühr ausleihen können!

Sitzend mähen

Die Bequemlichkeit lässt sich steigern, wenn man den rotierenden Messern nicht hinterherlaufen muss, sondern darauf sitzen kann: Aufsitzmäher gehören zu den Geräten, die diese Arbeit zum begehrten Vergnügen machen, für große wie für kleine Kinder.
Allerdings muss man für dieses Vergnügen kräftig in die Tasche greifen. Außerdem ist zu bedenken, dass diese Kleintraktoren einen entsprechenden Garagenplatz fordern. Daher kann sich wohl nicht jeder diese komfortabelste, aber auch anspruchsvollste Form eines Mähers leisten.

Mähroboter

Letzter Stand der Technik sind solarbetriebene Roboter (u. a. von Husqvarna, Toro, Stiga): Sie scheinen die Arbeit des Rasenmähens zu revolutionieren. Energetisch aufgeladen durch Sonnenbestrahlung oder an einer Ladestation, fährt der Roboter innerhalb einer ausgelegten Begrenzungsschleife selbstständig umher. Er sieht aus wie ein Mäher ohne Holm, auf der Oberfläche sitzt ein Solarpaneel. Man sieht einen Mähroboter kaum und hört nur ständig ein leichtes Summen. Da das Schnittmaterial fein zerkleinert wird (siehe Mulchmäher, Seite 45), erübrigt sich auch das Aufrechen.
Allerdings verlaufen die Mäharbeiten etwas anders: So werden größere Flächen nicht innerhalb

Lebende Rasenmäher

Natürlich kann man sich auch echte Schafe oder, für kleinere Flächen, Kaninchen halten, die den Rasen kurz halten. Detaillierte Angaben zu Pflegeaufwand und anderen Begleiterscheinungen entnehmen Sie bei Interesse bitte entsprechenden Fachbüchern.

Hier schleicht kein Außerirdischer durch den Garten, sondern ein Mähroboter, der sich selbsttätig Energie beschafft und auf abgestecktem Terrain am Rasen knabbert.

eines Tages gemäht, sondern in ununterbrochener Arbeit Stück für Stück abgeweidet, nach dem Zufallsprinzip und entsprechend der geringen verfügbaren Energie – auch nachts. Besonders hohes Gras kann der Mähroboter gezielt ansteuern. Mit dieser Verhaltensweise ähnelt er weniger einem der üblichen Mäher als vielmehr einem Schaf.
Im Gegensatz zu jenem ist dieser Mäher jedoch mit einer hoch komplizierten und damit auch anfälligen Elektronik bestückt. Für den »Krankheitsfall« sollte daher ein entsprechend ausgebildeter Techniker zur Verfügung stehen.
Ein weiteres Hindernis ist der hohe Preis, der auch die Gefahr birgt, dass das einsam weidende Techno-Schaf eines Tages entführt wird.

Gerätesicherheit und Wartung

Eigentlich sind Rasenmäher heutzutage so ausgereift, dass man davon ausgehen kann: Der Hersteller hat alles Denkbare getan, um ernsthafte Unfälle zu vermeiden. Prüfsiegel wie »TÜV« oder »GS« kennzeichnen die Einhaltung der gesetzlichen Vorsichtsregeln.

Eingebaute Sicherheit

Mäher mit Radantrieb bleiben sofort stehen, wenn man den Antriebsbügel loslässt. Die Nachlaufzeit der Messer wurde immer mehr verringert, weil diese eine große Gefährdung darstellen, wenn man zum Beispiel rasch eine Verstopfung beseitigen will. Elektrische Geräte sind gegen Stromschlag gesichert. FI-Schutzschalter im Außenbereich unterbrechen den Strom bei der kleinsten Unregelmäßigkeit. Verwenden Sie nur für diesen Zweck zugelassene Kabel (Aufschrift: »HO5RN-F...« oder »HO7RN-F...«). Sicherheitsschalter erweitern, je nach Hersteller, das Paket.
Fragen Sie im Zweifelsfall den Fachmann. Auch Reparaturen sollten Sie nur in einer kompetenten Werkstatt durchführen lassen. Die Verantwortung für alles Weitere liegt in Händen des Nutzers (siehe Seite 59).

Ziehen Sie den Zündstecker, bevor Sie im Messerbereich arbeiten. Eine kurze Nachlaufzeit verringert die Gefährdung.

Bei Viertaktmotoren ist – anders als bei den früher üblichen Zweitaktern – auf den Ölstand zu achten.

Die Zündkerzen müssen gelegentlich gereinigt oder gar ausgetauscht werden, insbesondere beim Erststart im Frühjahr.

Bei den meisten Sichelmähern empfiehlt es sich, die Messer jedes Jahr über Winter nachschleifen zu lassen.

Fachgerechte Wartung

Bei Motorgeräten sollten Sie nach Herstellerangaben das Öl wechseln und den Luftfilter austauschen bzw. reinigen.
Verklebter Grasschnitt und Erde sind nach jedem Schnitt zu entfernen, vom Gehäuse ebenso wie von Unterboden und Messer.

Ein Fachbetrieb erlaubt nicht nur, den Mäher vor dem Kauf kurzzeitig in der Praxis zu erproben. Als Vertragshändler kann er wichtige Tipps geben für den Betrieb und dem technisch unbedarften Gärtner auch die kundige Wartung abnehmen.
Die ist allerdings nur im Rahmen der Gewährleistung kostenlos.

Besonders gründlich sollten Sie dies vor dem Winter tun. Dabei überprüft man das Gerät auf mögliche Mängel und kann Lackfehler oder Roststellen ausbessern. Bewegliche Teile werden bei dieser Gelegenheit geölt.
Bei Benzinmotoren sollten Sie den Zündstecker abziehen und das Benzin ablassen, außerdem Ölfilter und Zündkerzen reinigen oder bei Bedarf gleich auswechseln. Akkus werden am besten mit voller Ladung frostgeschützt überwintert.
Bevor man dann den Mäher endgültig zur Winterruhe mit Stoff oder Folie abdeckt, kann man das Messer abmontieren und zu einem Fachbetrieb zum Nachschleifen bringen. Für Sichelmäher wird dies jährlich empfohlen.

Richtig mähen – die Praxis

Für die Mäharbeit sind Tage mit trockener Witterung zu bevorzugen. Bei Spindelmähern allerdings ist es sinnvoll, morgens zu schneiden, wenn das Gras noch etwas taunass ist.
Zu früh darf man freilich nicht beginnen, das wäre unter Umständen sogar gesetzwidrig. Zumindest mit lauten Gartengeräten wie einem Benzinmäher unterliegt man der Rasenmäher-Verordnung, die in der Regel das Mähen nur werktags zwischen 7 und 19 Uhr erlaubt. In zahlreichen Gemeindeverordnungen wird darüber hinaus die Einhaltung einer Mittagsruhe gefordert, meist von 12 bis 14 Uhr. Verstöße werden als bußgeld-

pflichtige Ordnungswidrigkeit geahndet. Fragen Sie vorsichtshalber beim zuständigen Ordnungsamt nach.

Mähturnus und Schnitthöhe

Schon ganz zu Beginn der Wachstumssaison kann man dem Rasen durch Belüften und eventuell eine Düngung zu einem optimalen Start verhelfen. Dann darf schon bald gemäht werden – spätestens, wenn die Halme etwa 10 cm hoch sind oder zu kippen beginnen. Meist ist das ab der zweiten Märzhälfte der Fall.
In den meisten Fällen wird eher zu spät gemäht – häufig wohl, weil man die ersten Blüten nicht gleich wieder abrasieren will.
Die Schnitthöhe sollte anfangs nicht zu tief eingestellt werden. Wenn man Gräser bis zum Boden abrasiert, stirbt ein Teil der freigelegten Wurzeln ab und treibt erst mit Verzögerung wieder aus, wodurch sich Unkraut ansiedeln kann.
Um die Horste von Blumenzwiebeln macht man einen Bogen, bis sie verblüht sind und schließlich auch das Laub verbräunt und einzieht.
Gegen Ende der Saison darf seltener gemäht werden, weil der Rasen nicht mehr so schnell wächst. Aber er wächst bis zum Wintereinbruch. Mähen Sie daher, solange es geht; der Rasen soll nach Möglichkeit kurz geschoren überwintern.

Lieber oft und nicht zu tief

Regelmäßiges Mähen führt zu einem gleichmäßigen und strapazierfähigen Rasen. Ein unregelmäßiger Schnitt hingegen, bei dem zu hohes Gras zu tief geschnitten wird, wirkt sich auf die Rasenqualität verheerend aus. Lediglich während trockener Sommerwochen darf man schadlos gelegentlich aussetzen, weil der Rasen ohnehin kaum wächst.

Wer einen besonders gepflegten »englischen« Zierrasen erzielen möchte, darf ihn nicht einfach gelegentlich radikal kurz schneiden, sondern immer wieder ein wenig. Das fördert auch die Entwicklung einer dichten Narbe – die richtigen Gräsersorten sowie fachgerechte Düngung und Bewässerung vorausgesetzt.
Eine wichtige Grundregel heißt außerdem: Schneiden Sie nicht mehr als ein Drittel der Halmlänge auf einmal zurück! Bei gewünschter Schnitthöhe von 3 cm ist also bereits bei einer Halmlänge von 4 cm wieder zu mähen.
Bei einem Zierrasen muss man daher während der Saison ein-

Ein regelmäßiger, nicht zu tiefer Schnitt ist für den Rasenwuchs wesentlich vorteilhafter als gelegentliches, tiefes Mähen bereits hochgewachsener Halme.

mal wöchentlich mähen. Zur Zeit des stärksten Wachstums im Frühjahr ist manchmal sogar zweimal pro Woche ein Schnitt sinnvoll. Bei einem Gebrauchsrasen sollte jeweils bei einer Höhe von 8–10 cm auf 6 cm zurückgeschnitten werden. Dazu genügt oft 10- oder 14-tägliches Mähen. Schattenrasen darf auch noch etwas höher wachsen.

Im Sommer länger wachsen lassen

Trockene Perioden insbesondere in der Urlaubszeit, wenn man keinen Wassernachschub liefern kann, übersteht ein höherer Rasen besser als ein kurz geschorener. Deshalb sollten Sie ihn während solcher Wochen lieber wachsen lassen – notfalls so hoch, wie es dem Rasenmäher zuzumuten ist. Nach einer solchen Periode oder nach der Urlaubsabwesenheit empfiehlt es sich dann, den Rasen nicht sofort wieder auf die gewünschte Länge zurückzuschneiden, sondern besser in zwei Schritten. Mit Ausnahme des ersten Frühlingsschnitts und des Schnitts nach den heißen Sommer- bzw. Urlaubswochen sollte man die Schnitteinstellung allerdings einheitlich belassen.

Beim Starten eines Mähermotors muss das Messer in Schwung kommen können. Daher sollten Sie ihn auf möglichst widerstandsfreiem Untergrund anlassen, nicht mitten im höchsten Gras. Man kann den Mäher zu diesem Zweck auch leicht nach hinten kippen.

An solchen ungeschützten Übergängen bleibt nichts anderes übrig, als die Kanten immer wieder nachzustechen.

Kanten von Zeit zu Zeit abstechen

Wo der Rasen ungehindert in ein benachbartes Beet wachsen kann, da tut er das auch. Damit dadurch aber kein schleichender Flächenverzehr stattfindet, empfiehlt es sich, im Frühsommer und im Herbst jeweils die alten Grenzen wiederherzustellen. Das geschieht, indem Sie die überwachsenen Kanten mit dem Spaten abstechen. Um besonders sauber arbeiten zu können, spannt man vorher zur Markierung eine Schnur.

Mähverlauf

Nicht nur, um die Fläche systematisch abzudecken, sollten Sie sich den Verlauf Ihres Mähgangs bereits vor Arbeitsbeginn überlegen. Insbesondere bei einseitigem Auswurf des Schnittguts gibt es dafür gute Gründe. Denn einerseits soll es nicht in benachbarte Beete oder auf Wege abgelegt oder gar geblasen werden. Andererseits ist zu vermeiden, dass man ständig wieder über das ausgeworfene Gras fährt und damit die Leistung des Mähers unnötig strapaziert.
Deshalb sollten Sie in solchen Fällen die Rasenfläche zunächst umrunden und auf den Außenbahnen den Auswurf ins Innere lenken; erst dann wird flächendeckend auf und ab gefahren (siehe Grafik). Wer's genau nimmt beim Zierrasen, achtet darauf, dass er jeweils beim nächsten Mähen die Fahrtrichtung um 90 Grad ändert. Denn so wird das Gras nicht immer in derselben Richtung geknickt.

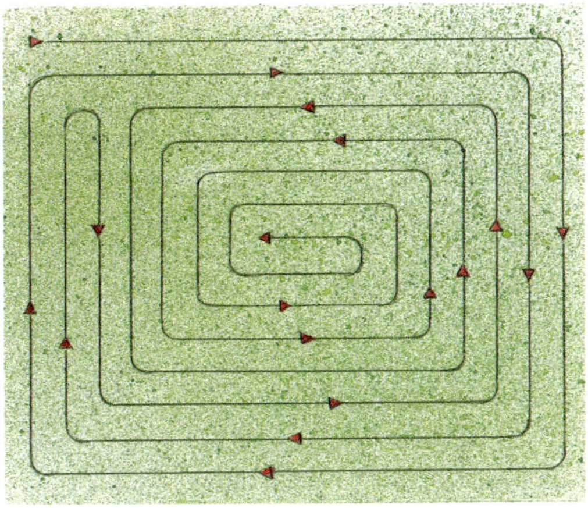

Mit Rücksicht auf die Umgebung wird der rechtsseitige Auswurf zwei Runden nach innen gelegt, erst dann nach außen.

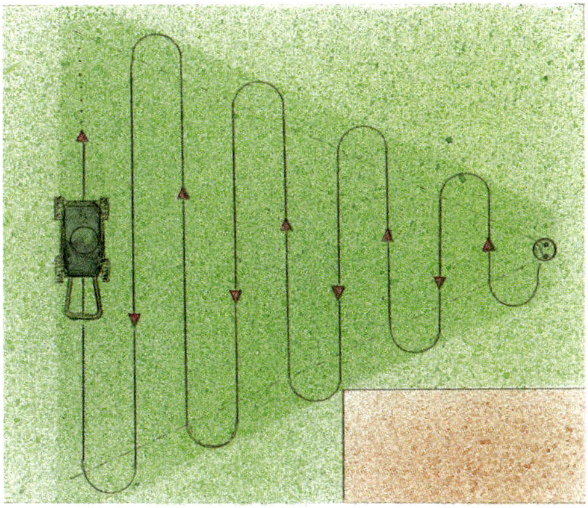

Wegen des Kabels sollte man mit dem Elektromäher stetig vom Stromanschluss weg mähen, ohne sich kreuzende Wege.

Beim Elektromäher gilt das Augenmerk der Kabelführung. Man beginnt in der Nähe des Stromanschlusses, bewegt sich von hier aus fort und zieht das Kabel hinter sich mit. Sorgen Sie dafür, dass es immer parallel zur Arbeitsrichtung verläuft, nie quer dazu (siehe Grafik). Als Anhaltspunkt können Sie davon ausgehen, dass man bei größeren Flächen für 100 m^2 jeweils 10 bis 15 Minuten benötigt.

Schützen Sie sich selbst!

Die Sicherheit beim Mähen beginnt mit der Kleidung. Vor allem ist es wichtig, gutes Schuhwerk zu tragen. Spezialschuhe mit Stahlkappen schützen natürlich am besten, aber es genügt normalerweise, wenn Sie geschlossene Schuhe tragen. Vermeiden Sie Sandalen oder gar Pantoffeln, die man leicht verliert und darüber stolpert. Greifen Sie nie unter die Maschine, solange die rotierende Mähsichel nicht völlig zum Stillstand gekommen ist! Für alle Arbeiten am Messer ist das Gerät unbedingt vom Stromnetz zu nehmen. Bei Motorgeräten wird sogar empfohlen, zu dieser Gelegenheit die Zündkerze abzuziehen.
Elektromäher sollten Sie nicht bei strömendem Regen betreiben, auch wenn die Steckerverbindungen dicht scheinen und alle Bedingungen erfüllen.
Auch bei größter Achtsamkeit lässt die Gefahr nie ganz ausschalten, dass das stromführende Kabel mit dem Messer beschädigt wird. Sollte dies passieren, ziehen Sie als allererstes den Stecker, auch wenn ein Fehlerstromschutzschalter scheinbar Sicherheit gewährleistet. Und versuchen Sie bitte nicht, den Schaden behelfsmäßig durch eine Lüsterklemme und Umwickeln mit einem Klebeband zu reparieren. Falls daraufhin ein Stromschaden entsteht, können Sie nämlich nicht viel Verständnis von Ihrem Versicherungsträger erwarten.

Wenn Sie ein Gerät ausleihen, nehmen Sie sich die Zeit, sich die Bedienung genau erklären zu lassen!

Wohin mit dem Grasschnitt?

Nur wer mit einem Mulchmäher arbeitet, braucht sich nicht um das Schnittmaterial zu kümmern. Diese Technik (siehe Seite 45) ist nicht zuletzt deshalb so beliebt geworden, weil die Gartenabfälle immer schwieriger zu entsorgen sind. In allen anderen Fällen nämlich ist das Aufsammeln und Beseitigen eine aufwändige Verlängerung der Mäharbeiten.

In dünnen Schichten ausgelegt, eignet sich das Schnittgut hervorragend zum Mulchen im Gemüsebeet.

Sofern der Mäher nicht mit einem Fangkorb ausgerüstet ist, muss das Schnittgut zunächst zu kleinen Haufen zusammengerecht und dann entfernt werden. Nur bei trockener Witterung darf es nach dem Schnitt noch ein paar Tage antrocknen. Bei anhaltender Nässe, vor allem im Frühjahr und Herbst, verkleben die Halme zu luftundurchlässigen Klumpen. Das riecht zum einen nicht besonders fein, und es kann zudem im Rasen zu Fäulnis oder zur Entstehung von Rasenfilz führen (siehe Seite 63).
Bei trockener Witterung darf man normalen Grasschnitt auch einmal ganz in der Narbe belassen, sofern die Halmstücke nicht länger sind als 4 cm und nicht in Auswurfbahnen liegen, sondern fein verteilt.

Verwendung als Mulch

Nicht nur im Rasen selbst, sondern auch auf anderen Flächen kann das Schnittgut als Mulchmaterial verwendet werden.
Als einigermaßen geschlossene Schicht hält es zum Beispiel im Gemüsebeet die Feuchtigkeit länger im Boden, das Auflaufen von Unkräutern wird behindert, und durch die Zersetzung werden dem Boden Stickstoff und organisches Material zugeführt.

Rasenschnitt verfügt über den Vorteil, dass er von einheitlicher Struktur und Farbe ist und deshalb einigermaßen ordentlich aussieht. Allerdings darf er in frischem Zustand nur in dünnen Schichten ausgebracht werden: Die verklebten Klumpen bieten sonst einen idealen Anziehungspunkt für Nacktschnecken.

Zu vermeiden: Nässe, lange Halme, Samen

Wer dickere Lagen auf das Beet packen will, sollte das Gras vortrocknen lassen. Da es dabei stark an Volumen verliert und sich außerdem rasch zersetzt, muss das Schnittmaterial immer wieder nachgeliefert werden, wenn es dauerhaft eine lichtdichte Bodenbedeckung abgeben soll. Langhalmiges Wiesen-Schnittgut sollten Sie bestenfalls unter Obstbäumen und Beerensträuchern als Mulch verwenden; weil es unordentlicher aussieht und aufgrund der vielen enthaltenen Samen. Außerdem entziehen die holzigeren Halme bei der Zersetzung dem Boden Stickstoff, der nachgeliefert werden müsste.
Denken Sie daran, dass auch Pflanzungen aus Ziergehölzen, insbesondere Strauchhecken, mit einer Mulchdecke unterlegt werden können.

Zum Kompostieren sollte man Gras vortrocknen und vermischen. Sonst verklebt es zu undurchlässigen Schichten.

Kompostierung von Grasschnitt

Was sich nicht als Mulch verwerten lässt, das kann kompostiert werden.
Weil vor allem kurzes, nasses Schnittgut zum Verkleben neigt, lässt man es dazu erst in dünnen Schichten vortrocknen. Das Verhältnis von Kohlenstoff (C) zu Stickstoff (N) im Gras ist für die Rotte recht günstig (»C/N-Verhältnis« 10–25 : 1); erst nach der Trocknung neigt es sich eher zu einem Übermaß an Kohlenstoff. Grasschnitt kann sich beim Rotten stark erhitzen. Wenn nicht genügend anderes Material zur Verfügung steht, um es zu verdünnen, sollten Sie zumindest reichlich Gartenerde oder unausgereiften Kompost beimischen.
Nach einigen Wochen empfiehlt es sich, die Miete umzusetzen, sodass die Außenschicht nach innen kommt und sich auch noch erhitzt. Denn die Hitze macht einen Großteil der Samen unschädlich. Lässt sich das nicht gewährleisten, sollten Sie den Kompost bestenfalls im Obstgarten einsetzen, nicht jedoch im Gemüse- oder Blumenbeet.

Zu schade für den Abfall

Vor allem bei Gärten mit hohem Rasenanteil kann das anfallende Schnittmaterial die Kapazität der eigenen Kompostanlage sprengen. In der Restmülltonne ist es fehl am Platz.
Bis vor kurzem wurde von den meisten Gemeinden die kostenlose Entsorgung von Gartenabfällen ermöglicht, zumindest zeitweise. Inzwischen wurden diese Leistungen im Rahmen von Sparmaßnahmen empfindlich eingeschränkt. Nicht nur aus Kostengründen lohnt es sich daher, alle Nutzungsmöglichkeiten als Mulch auszuschöpfen, auch unter Ziersträuchern, und eine intensive Kompostwirtschaft mit hohem Durchsatz zu betreiben, wodurch sich gleichzeitig Kosten für Dünger und Bodenverbesserungsmittel einsparen lassen – auch für den Rasen selbst. Oder man zieht einen Mulchmäher in Betracht.

auf einen blick

- Mit dem Spindelmäher lässt sich exakter schneiden als mit dem Sichelmäher.
- Je nach Rasen auf Schnittbreite und -höhe sowie Fangkorb achten.
- Elektromäher sind für kleine Flächen praktisch, Akkugeräte ersparen das Kabelziehen.
- Bei Benzinmähern für größere Flächen ist der Motor ausschlaggebend.
- Mulchmäher zerkleinern das Mähgut, sodass das Rechen überflüssig wird.
- Randbereiche müssen gesondert bearbeitet werden.
- Gemäht wird möglichst regelmäßig, lieber oft und nicht zu tief, besonders bei sommerlicher Trockenheit.
- Für Wiesen sind besondere Mähtechniken erforderlich.

Regelmäßige Begleitarbeiten

Zur Erhaltung eines schönen Rasenteppichs müssen den Wurzeln die grundlegenden Lebensmittel zur Verfügung gestellt werden: Wasser, Luft und Nährstoffe. Falls der Rasen dennoch krank wird, sollte man die richtige Therapie kennen.

Rasenwurzeln brauchen Luft

Vielen Gärtnern wird zu diesem Thema als Erstes einfallen, dass grobes Schnittgut ebenso wie herbstliches Laub entfernt werden muss. Denn es ist bekannt, dass im feuchten Dunkel unter langsam rottenden Halmen oder Blättern leicht Kahlstellen entstehen. Gärtnern, die sich schon intensiver mit der Rasenpflege beschäftigt haben, gehen Fachworte wie vertikutieren und aerifizieren fließend über die Lippen.

Vertikutieren

Diese Maßnahme und das dazu gehörige Werkzeug haben sich in letzter Zeit zum Standard der Rasenpflege gemausert. Es hat sich herumgesprochen, dass absterbende Pflanzenteile im Rasen mit der Zeit verfilzen. Wenn diese Schicht dicker wird (ab 1 cm), wirkt sie wie ein Schwamm und behindert den Zugang von Wasser und Nährstoffen, ja sogar von Luft zu den Wurzeln. Gleichzeitig verbessern sich die Wachstumsbedingungen für Moos und Unkräuter. Mit dem Vertikutieren geht man diesem Rasenfilz an den Kragen. Für kleine Flächen genügt ein so genannter Vertikutierrechen. Dessen Messerhaken zerschneiden den Filz und reißen ihn vom Boden weg. Oft werden dabei auch die Wurzeln angeschnitten und somit zur weiteren Verzweigung angeregt. Zu tief dürfen die Vertikutiermesser allerdings nicht in den Boden eindringen; in einem stark aufgerissenen Boden keimen nämlich leichter Unkräuter. Anschließend muss der Filz mit dem Rechen endgültig entfernt werden.
Es gibt auch Vertikutiergeräte, die wie ein Rasenmäher aussehen, deren senkrechte Messer jedoch im Sinne der Belüftung eingesetzt werden. Sie können sie kaufen oder mieten.
Die Rasenfläche kann vom zeitigen Frühjahr bis in den Frühsommer vertikuliert werden, am besten direkt nach einem Mähgang. Der Boden sollte dabei nicht zu nass sein. Im Anschluss daran empfiehlt es sich, in die aufgerissene Narbe eine Düngung auszubringen, um die erzielte Wachstumsstimulation zu unterstützen.

◀ Manche Anlage zur Rasenbewässerung nimmt es an Attraktivität durchaus mit einem Springbrunnen auf.

Ein Vertikutiergerät reißt den Rasenfilz oberflächlich auf und regt das Wurzelwachstum an.

Aerifizieren

Einen ähnlichen Effekt wie beim Vertikutieren strebt man mit dem Aerifizieren an, jedoch mit einfacheren Mitteln. Hierbei stanzt man mit einer speziellen Grabe-

Die Aerifizier-Gabel stößt Löcher in den Boden. Wenn man gleich Sand einfüllt, bleiben sie längerfristig durchlässig.

gabel oder einer Walze, an der sich hohle Röhrchen befinden, kleine Löcher in den Boden. Durch die zusätzliche Belüftung soll auch die Wasserführung verbessert werden.
Wenn man anschließend Sand (z. B. Quarzsand 0–2 und 0–4) mit dem Rechen über der Fläche verteilt, bleiben die Löcher auf längere Frist durchlässig.
Bei großen Flächen lässt sich diese Tätigkeit gut mit einer (geliehenen) Profi-Maschine erledigen, die sofort den Sand nachstreut. Notfalls verwendet man eine normale Grabegabel, die man nach dem Einstechen leicht hin und her bewegt. Vorsicht: Mit ungeeignetem Werkzeug kann auch der gegenteilige Effekt erzielt werden: nämlich dass die Bereiche um die Einstichstellen herum weiter verdichten!

Frühjahrs-Rasenkur

1. Rasen kurz schneiden.
2. Zweimal vertikutieren, im zweiten Gang senkrecht zu den ersten Bahnen; anschließend abrechen.
3. Nochmals mähen; durch den Luftzug wird auch verbräuntes Material herausgezogen.
4. Bei Bedarf Mischung aus guter Erde, Sand und Kompost (1:1:1) auf Fehlstellen oder zum Auffüllen von Löchern ausbringen und einrechen.
5. Entstehen dabei größere geschlossene Substratflächen, wird Rasen neu eingesät.
6. Ansonsten gleichmäßig Rasendünger ausbringen.

Wasser für das Wachstum

Im Hochsommer machen Hitze und Trockenheit nicht nur dem Gärtner zu schaffen, sondern auch dem Rasen. Da dessen Wurzeln nicht sehr tief reichen, braucht er eine regelmäßige Flüssigkeitszufuhr. Andernfalls verbräunt der grüne Teppich, und die unschönen Stellen werden erst mit der Zeit wieder überwachsen. Daher ist rechtzeitig zu wässern, sobald die Halme erste Anzeichen von Welke und einer leichten Blaufärbung zeigen.
Durch die Bewässerung sollte sich der Boden gut mit Feuchtigkeit sättigen. Regner und Sprinkler leisten hierbei gute Dienste; eine halbe Stunde auf einer Fläche genügt in der Regel. Am Morgen können die Halme gut abtrocknen, am Abend geht weniger Wasser durch Verdunstung verloren. Die Beregnung zur prallen Mittagshitze ist zu vermeiden.

Strenge Erziehung spart Gießarbeit

Leicht bedienbare Systeme verleiten dazu, den Rasen zu verwöhnen. Wenn man ihn täglich wässert, bleibt die Feuchtigkeit und damit auch das Wurzelwachstum auf die oberste Bodenschicht beschränkt. Langfristig wird der Rasen dadurch anfälliger für Trockenheit. Zu häufiges Wässern kann außerdem das Mooswachstum fördern. Beregnen Sie daher lieber selten, aber dafür durchdringend, etwa 15–20 cm tief. Sie können mit einem Spatenstich prüfen, ob der Boden ausreichend tief durchfeuchtet ist. Auf diese Weise braucht der Rasen nur einmal wöchentlich bewässert zu werden.

Aufwändige Wiederbelebung
Sind die Halme erst einmal vertrocknet und verbräunt, ist es schwierig, den ausgedörrten Boden wieder mit Wasser anzureichern und die Pflanzen zu neuem Austrieb zu bringen. In solchen Fällen gelingt die Wiederbelebung nur mit viel Ausdauer; über Wochen ist die Fläche fast täglich zu beregnen. In etlichen Fällen wird es unumgänglich sein, größere Fehlstellen frisch anzusäen.

Ein vertrockneter Rasen ist nur schwer wieder zu beleben. Umso wichtiger ist es, dass man es gar nicht so weit kommen lässt.

Harte Zeiten

Aufgrund zunehmender Wasserknappheit wird in manchen Regionen das Rasensprengen im Sommer behördlich untersagt. Damit der Rasen solche Perioden einigermaßen unbeschadet überstehen kann, sollten Sie ihn so hoch wachsen lassen, wie es dem Mäher zuzumuten ist.

Bewässerungshilfen

Um die Gießarbeit nicht nur bequemer, sondern auch sachgerechter dosieren und terminieren zu können, stehen dem Hobbygärtner zahlreiche Hilfsmittel zur Verfügung. Die Palette reicht von der Gießkanne über den Gartenschlauch mit auswechselbaren Düsen bis hin zum unterirdisch installierten, computergesteuerten System.

Flächig beregnen
Je größer die Rasenfläche und je höher der Qualitätsanspruch, desto mehr lohnt sich der Einsatz von Technik. Für die flächige Bewässerung stehen perforierte Sprühschläuche und Regner zur Auswahl, die man am Schlauch anschließt und nach Bedarf aufstellt. Während Sprühschläuche nur schmale Bereiche abdecken, erreicht ein Pendel-

Ein Impulsregner deckt eine kreisförmige Fläche ab. Die Anordnung der Elemente will daher gut geplant sein.

Ideal für den Anschluss von Rasenregnern ist ein unterirdisch verlegtes Netz aus bodeneben abschließenden »Wasser-Steckdosen«.

oder Schwenkregner eine rechteckige Fläche. Bei Kreis- und Impulsregnern, die durch den Wasserdruck in Bewegung geraten, ist die beregnete Fläche kreisförmig. Die Reichweite lässt sich durch den Wasserdruck bestimmen.
Es liegt nahe, ein System mit einheitlichen Schnellanschlüssen zu wählen. Bei manchen Fabrikaten kann mangelnde Standfestigkeit ein Problem sein. Andere eröffnen die Möglichkeit, mit dem Wasser auch Flüssigdünger einzuspeisen. Achten Sie darauf, dass sich die Wassergabe dosieren lässt! Schlauchwagen und -boxen erleichtern sowohl den mobilen Einsatz des Schlauches als auch das Aufräumen.

Anschaffung einer Beregnungsanlage: Fragen an den Fachmann

- Wie viele Regnerköpfe sind für die Fläche erforderlich? Wie sind sie zu platzieren?
- Wenn Ihr Leitungswasser stark kalkhaltig ist: Was ist vorbeugend zu unternehmen?
- Lässt sich das System vor dem Winter automatisch entwässern?
- Nach der Installation: Verteilt sich das Wasser gleichmäßig im System?

Unterirdische Wasserbahnen

Unterirdisch verlegte Lochschläuche können den Rasen auf unsichtbare Weise bewässern. Mit Leitungen, die unter der Grasnarbe liegen, können Sie überall im Garten »Wasser-Steckdosen« installieren, also leicht erreichbare Anschlüsse. Derart dauerhafte, unsichtbare Installationen ersparen das umständliche Schlauchziehen. Besonders raffiniert sind versenkbare Sprinkler, die nur für ihren Einsatz hervorgeholt werden. Solche Systeme sind nicht mehr unbezahlbar, einfach zu verlegen und zuverlässig. Sie sollten möglichst schon bei der Anlage des Rasens mit geplant, können aber auch nachträglich eingebaut werden.

Per Computer gesteuert

Als letzte Steigerung lässt sich die Bewässerungsanlage mit einer automatischen Steuerung versehen. Diese Entlastung kommt dem Gärtner vor allem in Zeiten der Urlaubsabwesenheit zugute.

Takt und Menge der Bewässerung lassen sich durch einen Computer steuern. Nicht nur im Urlaub vorteilhaft!

Mit einem so genannten Watertimer legt man die Intensität der Berieselung fest. Die Steuerung kann in festen zeitlichen Rhythmen erfolgen oder in Abhängigkeit von der Feuchtigkeit des Substrats (mit einem Tensiometer). Letzteres entspricht eher dem tatsächlichen Pflanzenbedarf.
Ein Bewässerungscomputer (z. B. Gardena) kann sogar beide Aspekte unter einen Hut bringen. Zwischen Wasserhahn und Schlauch geschaltet, gibt man auf der Tastatur Rhythmus, Dauer und Menge der Bewässerung ein. Im Winter sind die Computer vor dem Frost in Sicherheit zu bringen.

Üppiges Grün durch sachgerechte Düngung

Ein Gebrauchsrasen muss nicht unbedingt zusätzlich ernährt werden. Da die flächige Ausbringung von Nährstoffen die Gefahr der Überfrachtung und der Grundwasserbelastung mit sich bringt, kann – wenn man die Entwicklung hin zu einem kräuterreichen Blumenrasen akzeptiert – von Düngung abgesehen werden.
Auch bei Verwendung eines Mulchmähers ist Düngung unnötig, denn bei der Verrottung des auf dem Boden verbleibenden Schnittguts werden genügend Nährstoffe frei.
Mit Unterstützung einer Düngung können sich die Gräser jedoch besser gegen Moos und unerwünschte Kräuter durchsetzen, und sie ist auch verantwortlich für eine schöne, sattgrüne Farbe.

Der Bedarf von Rasen und Boden

Stickstoff (N) ist das wichtigste Nährelement und prägt entscheidend Wachstum und Grünfärbung des Rasens. Stark

Eine regelmäßige Düngung ist vor allem dann wichtig, wenn man auf einen sattgrünen und unkrautfreien Rasen Wert legt.

strapazierter Rasen benötigt ebenso wie reiner Zierrasen 10 bis höchstens 20 g Rein-Stickstoff pro Jahr und Quadratmeter, ein durchschnittlicher Gebrauchsrasen kommt mit weniger als 10 g aus.

Für die übrigen Hauptnährstoffe gilt als Anhaltspunkt für den Nährstoffentzug: Phosphor (wichtig für Wurzel- und Blütenbildung) 5–7 g, Kalium (stärkt die Widerstandskraft) etwa 8–15 g, Magnesium etwa 3 g. Diese Elemente sind allerdings in den meisten Böden in ausreichender Menge vorhanden. Auch die Spurenelemente sind im Rasen selten ein Problem, insbesondere wenn gelegentlich Kompost gegeben wird.

Auf sandigen Böden kommt es viel häufiger zu Nährstoffmangel als auf lehmigen. Um einer Überdüngung vorzubeugen, empfiehlt sich eine Bodenprobe, die den Versorgungsgrad ermittelt. Die zuständige LUFA (Landwirtschaftliche Untersuchungs- und Forschungsanstalt) oder auch ein privates Labor gibt genaue Anweisungen für die Probenahme und stellt anhand dieser die Gehalte der wichtigsten Nährelemente, den Bodentyp und den pH-Wert fest.

Mit Hilfe eines eisenhaltigen Volldüngers können Sie einem fahlen Rasen in kürzester Zeit wieder zu kräftig grüner Ausfärbung verhelfen. Aber Achtung: danach beim Wechsel auf empfindliche Wegebeläge oder gar ins Haus unbedingt die Schuhe wechseln – das Eisen kann zum Beispiel auf einer Marmorplatte hässliche Spuren hinterlassen!

Geeignete Düngemittel

Der guten Umweltverträglichkeit organischer Dünger steht der Nachteil gegenüber, dass sie sich schlechter dosieren und gezielt einsetzen lassen als spezielle Rasendünger, die überwiegend mineralischen Ursprungs sind.

Organische Dünger

Organische Dünger setzen sich aus tierischen und pflanzlichen Abfallstoffen zusammen, wie Horn- und Knochenmehl, Rizinusschrot oder Guano (getrockneter Vogeldung). Eine Überdüngung damit ist äußerst unwahrscheinlich, weil die Nährstoffe erst nach und nach durch Bodenlebewesen aus ihren organischen Bindungen gelöst und somit kaum im Übermaß frei werden. Aufgrund der oft groben Bestandteile, die eingerecht werden sollten, eignen sich organische Dünger vor allem zur Bodenvorbereitung, weniger für eingewachsene Rasenflächen.

Selbst hergestellter Kompost aus Mist oder Pflanzenabfällen ist aufgrund seiner Lebendigkeit besonders wertvoll, allerdings auch schwer zu dosieren, weil man die Gehalte seiner Inhaltsstoffe nicht kennt. Weil er überdies wie ein Substrat erscheint und daher großzügig verteilt wird, ist eine übermäßige Nährstoffanreicherung im Boden keinesfalls auszuschließen.

Mineralische Volldünger

Die handelsüblichen Rasendünger (z. B. Rasen Floranid, Rasendünger Cornufera) enthalten die Nährstoffe meist in folgender Zusammensetzung: 15–20 Prozent Stickstoff (N), 3–5 Prozent Phosphat (P_2O_5) und 8–10 Prozent Kalium (K_2O) sowie Magnesium (Mg) und Eisen (Fe). Beachten Sie im Einzelnen die Gehaltsangaben auf den Düngerbehältern!

Bei optimaler Zusammensetzung sind diese Dünger so formuliert, dass sie über die vorgesehenen Zeiträume kontinuierlich Nährstoffe nachliefern.

Einzelnährstoffdünger

Eigentlich sind Volldünger auf den meisten Gartenböden gar nicht notwendig. Zumindest für die ersten beiden Düngegaben würden reine Stickstoffdünger genügen, vor allem nach einer Kompostgabe. Doch die sind kaum im Angebot. Eine organische Lösung wäre Hornmehl; es ist jedoch hygienisch nicht ganz unbedenklich, und das Nährelement wird nur zögerlich verfügbar.
Rasch wirksame Stickstoffdünger wie schwefelsaures Ammoniak oder Kalkammonsalpeter sollten nur in Ausnahmesituationen und nur von professionellen Rasenpflegern eingesetzt werden. Für die kalibetonte Gabe im Spätsommer kann man gekörntes Kalimagnesia (Patentkali) verwenden (bis ca. 40 g/m²).

Ähnlich wie das Saatgut lassen sich auch körnige Dünger mit Hilfe eines Streuwagens gleichmäßig verteilen.

Langzeitdünger

Langzeitdünger (z. B. Floranid N 32) sind von einer biologisch abbaubaren Harzhülle ummantelt, alle notwendigen Nährstoffe werden über etwa sechs Monate regelmäßig freigesetzt – also praktisch für eine gesamte Vegetationsperiode in einem Düngegang.
Auf diese Weise sind weder Nährstoffmängel noch eine Überdüngung mit Verbrennungen zu befürchten.

Termin und Dosierung

Der erste und wichtigste Termin zum Düngen ist das Frühjahr, zu Beginn der Wachstumssaison, zwischen Mitte März und Anfang

Unterschiedliche Pflege – je nach Rasentyp

Typ	Mähen	Düngung	Wässern	Besonderheiten
Zierrasen	Wöchentlich, auf 2–4 cm*	Dreimal jährlich: zweimal N-betont, im Herbst K-betont	Bei Trockenheit wöchentlich	Nur Qualitäts-Saatgut! Schnittgut entfernen, zweimal vertikutieren, Fehlstellen nachsäen
Gebrauchs-, Spielrasen	10–14-täglich, auf 4–6 cm*	Nicht unbedingt, bis zu zweimal jährlich	Nicht unbedingt	Gut für Mulchmäher geeignet
Strapazier-, Sportrasen	7–10-täglich, auf 3–5 cm*	Am besten mit Langzeitdünger	Bei Trockenheit	Für Mulchmäher geeignet, möglichst jährlich vertikutieren
Landschaftsrasen	Mindestens dreimal jährlich, auf 6–8 cm	Nicht erforderlich	Nicht erforderlich	Schnittgut kann zeitweise liegen bleiben
Schattenrasen	Alle 2–3 Wochen, auf 6–8 cm	Nicht unbedingt, zurückhaltend	V. a. unter Bäumen	Schnittgut entfernen, bei Bedarf nachsäen

* im Sommer höher als angegeben

Mai. Vor jeder Ausbringung sollte der Rasen gemäht werden, im Frühjahr wäre zusätzlich eine Vertikutierung als Vorbereitung ideal. Um Verbrennungen zu vermeiden, sollte die Düngung möglichst bei bedecktem Himmel erfolgen, keinesfalls während einer Hitzeperiode.
Das gleichmäßige Verteilen von gekörntem Dünger per Hand erfordert etwas Übung. Ein Streuwägelchen erleichtert diese Aufgabe. Flüssigdünger können bei geeigneter Ausstattung in die Beregnung gemischt werden. Bei Trockenheit sind die Dünger, gleich welcher Art, gut einzuregnen. Bei normalem Gebrauchsrasen ist die einmalige Frühjahrsdüngung völlig ausreichend.

Erst mehr Stickstoff, später weniger

Wer selbst gemachte organische Düngung bevorzugt, kann im Frühling etwa 5 Liter fein gesiebten Kompost pro Quadratmeter auf der Fläche verteilen und flach einrechen.
Von einem durchschnittlichen mineralischen Rasendünger sind nicht mehr als 100 g pro Quadratmeter als Jahresgabe vorzusehen. Für eine stickstoffbetonte Frühjahrsgabe genügen 30–40 g. Eine zusätzliche Kalkgabe wirkt der Ausbreitung von Moos entgegen.
Eine zweite Gabe desselben Volldüngers kann bei intensivem Zier- oder Strapazierrasen im Mai oder Juni verabreicht werden. Für die letzte, etwas reduzierte Düngung im August ist weniger ein stickstoff- als vielmehr ein kalibetonter Dünger zu bevorzugen. Das erhöht die Winterhärte des Rasens. Damit er dennoch mit dunkelgrüner Ausfärbung in den Winter geht, verabreichen manche Profis zusätzlich eine besondere Form von Eisensulfat.

Unerwünschte Begleitpflanzen

In der extensiv gepflegten Form des Blumenrasens (siehe Seite 18) werden blühende Kräuter toleriert, ja sie sind sogar eine willkommene Bereicherung des Bildes. Das Ideal eines Zierrasens dagegen darf zwischen den grünen Halmen keine abweichenden Blätter und auch keine farbigen Blüten aufweisen. Tauchen solche »Fremdkörper« auf, werden sie kompromisslos entfernt. Entsprechende Pflegemaßnahmen sorgen allerdings

Ehrenpreis ist ein häufiges Blütenkraut auf humosen und frisch-feuchten Standorten. Er versamt sich rasch, man kann ihn aber durch regelmäßiges Mähen zurückdrängen.

Klee kann Stickstoff aus der Luft gewinnen und fühlt sich daher in Mangelsituationen wohl. Durch Düngung mit Stickstoff lässt er sich dagegen weitgehend verdrängen.

bereits im Vornherein dafür, dass die Wachstumschancen für unerwünschte Wildkräuter gering sind.

Intensive Pflege beugt Unkräutern vor

Die wichtigsten Voraussetzungen sind:

- fachgerechte Anlage auf durchlässigem Boden,
- zum Standort und zum Rasentyp passendes Saatgut,
- häufiges, tiefes Mähen und
- regelmäßige Düngung.

Treffen diese Punkte zu, dann bildet sich in der Regel eine dichte Narbe, in der sich Kräuter kaum durchsetzen können. Halten sich einige Kräuter dennoch hartnäckig, so steckt oft ein Ungleichgewicht im Boden dahinter, meist eine Verdichtung. Eine Bodenuntersuchung kann wertvolle Hinweise geben, um entsprechende Maßnahmen zur Bodenverbesserung einzuleiten.

Handarbeit bevorzugt

Klee weist auf Stickstoffmangel hin und kann theoretisch durch Düngung verdrängt werden. Aber manche Wildkräuter lassen sich durch die übliche Rasenpflege nicht vertreiben. Sie müssen notfalls von Hand ausgestochen werden. Zumindest auf kleinen Flächen ist dies ein wirkungsvoller und umweltschonender Weg, eine einheitliche Rasendecke zu erzielen. Für Tiefwurzler wie den Löwenzahn gibt es spezielle Unkrautstecher.
Im Privatgarten sollte grundsätzlich auf den Einsatz von Unkrautvernichtern verzichtet werden. Die Verlockung ist allerdings groß, wenn das Präparat mit einem Rasendünger kombiniert ist. Wenn, dann erfolgt der Einsatz am besten im Frühjahr oder Spätsommer, auf keinen Fall schon im Aussaatjahr. Beachten Sie genau die Gebrauchsanweisung!

Zu viel Moos ist ein Problem

Eigentlich könnte man die zarten Polster auch als Flicken im beschatteten Grünteppich akzeptieren. Von ambitionierten Rasenfreunden jedoch wird Moos als Makel betrachtet, dem mit allen gärtnerischen Mitteln zu begegnen ist. Dabei ist zu betonen, dass Moos kein »Täter« ist, der von sich aus den Rasen verdrängt, sondern nur ein Symptom für mangelhafte Bedingungen. Auf einem hellen, durchlässigen und gut ernährten Standort lässt der dichte Graswuchs keine Moosentwicklung zu.

In durchgehend schattigen Lagen ist zu überlegen, ob man Moos als Teil der Begrünung akzeptieren kann.

Wer etwas unternehmen will, sollte als Erstes den Moos- und Wurzelfilz herausrechen.

Ursachen für Mooswachstum sind vor allem:

- Lichtmangel,
- verdichteter oder staunasser Boden,
- Bodenversäuerung,
- mangelhafte Ernährung.

An diesen Eigenschaften setzt eine sinnvolle Moosbekämpfung bzw. -vorbeugung an.

Schwieriger Stand im Schatten

Gegen mangelnde Belichtung kann man in der Regel wenig tun. Im dauerhaften Schatten eines Hauses sollte man daher erwägen, eine spezielle Rasenmischung anzusäen oder gleich über eine standortgerechtere Bepflanzung nachzudenken, nämlich schattengeeignete Bodendecker.

Im Schatten unter Bäumen kommt hinzu, dass die Graswurzeln mit dem Gehölz um Nährstoffe konkurrieren müssen; sogar die Wasserversorgung kann hier zum Problem werden.

Vorbeugende Maßnahmen

Grundsätzlich sollte man bei Mooswuchs nicht zu tief mähen. Das Laub im Herbst ist unbedingt zu entfernen.

Beim Vertikutieren (siehe Seite 63) wird zuerst das Moos selbst, danach auch der Bodenfilz herausgerecht, der häufig mit verantwortlich ist für die schlechte Belüftung. Bei Staunässe ist eventuell ein Dränagesystem die einzige Lösung.

Auch durch Einarbeiten von Sand lassen sich Belüftung und Wasserabfluss fördern. Kompost ist ebenfalls ein hilfreicher Zuschlagstoff; er verbessert die Struktur des Bodens und liefert gleichzeitig Nährstoffe.

Durch regelmäßige Düngemaßnahmen verschaffen Sie dem Gras von vornherein günstige, dem Hungerleider Moos dagegen schlechte Wachstumsbedingungen. Nur wenn der Boden übersäuert ist (pH-Wert unter 5,5), können Sie durch Gaben von Algenkalk oder Kohlensaurem **Kalk** (beides: $CaCO_3$) einen Ausgleich schaffen.

Direkte Moosbekämpfung

Nur notfalls greift man zu Eisen-II-Sulfat, einem relativ umweltverträglichen Wirkstoff gegen Moos, häufig in Verbindung mit Ammoniumsulfat. Am wirkungsvollsten ist die Maßnahme im Frühjahr. Mähen Sie vor der Verabreichung Ihren Rasen auf niedrige Schnitthöhe.

Nach etwa zwei Wochen ist das Moos abgestorben; nun sollte die Fläche vertikutiert werden. Wenn das entfernte Moos eine schüttere Rasennarbe hinterlässt, empfiehlt sich eine Nachsaat in die Lücken (bei Bedarf beregnen). Auf jeden Fall sollten Sie zu diesem Zeitpunkt Dünger verabreichen, damit sich der Bestand möglichst rasch wieder schließt.

Schäden und Krankheiten im Rasen

Wie andere Pflanzengruppen kann auch der Rasen unter tierischen Schädlingen und Pilzkrankheiten leiden. Das soll aber nicht darüber hinwegtäuschen, dass sich solche Schadursachen oft durch sachgerechte Standortbedingungen und Pflege in Schach halten lassen.
Häufig kann man sehen, dass Bereiche des Rasens vergilben oder verbräunen. Das kann vielerlei, auch nicht-parasitäre Ursachen haben (siehe Tabelle).

Rasenkrankheiten

Pilze siedeln sich vor allem bei zusagenden Bedingungen an. Der Einsatz eines Fungizids (Pilzpräparat) behandelt nur das Symptom und kann daher keine langfristige Lösung bieten. Viel wichtiger ist es, ein günstiges Klima zu erzeugen und für ein ausgewogenes Nahrungsangebot zu sorgen.

Vorbeugung allgemein:

- Für gute Belüftung des Bodens sorgen, unnötige Feuchtigkeit vermeiden, nur bei anhaltender Trockenheit beregnen, bei

Auch wenn er noch so treuherzig dreinschaut: Nicht selten sind Rasenschäden auf seine »Entwässerung« zurückzuführen.

Ursachen von Halmverfärbungen und schütterem Wuchs

Symptom	Ursache	Abhilfe
Braune Halmspitzen	Beim Verheilen der Schnitt-(Schlag-) Wunde	Vorbeugend Spindel- statt Sichelmäher verwenden
Vergilben	Nährstoffmangel	Stickstoff düngen, eventuell auch Eisen
Vergilben, Verbräunen, schütterer Wuchs	Anhaltende Trockenheit, je nach Bodenverhältnissen, bis hin zum Absterben	Wässern; vorbeugend Boden lockern, lüften, mit Sand und Kompost verbessern, notfalls Dränage
	Hunde-Urin (Rand meist dicht grün)	Gut nachwässern; vorbeugend Tiere erziehen bzw. aussperren
	Verbrennungen (z. B. durch unsachgemäße Düngung)	Gut wässern, v.a. nach jeder Düngung
	Verdichtungen (auf häufig betretenen Flächen, z. B. Schaukelplatz, Tor beim Fußballspiel)	Stelle schonen, gefährdete Plätze häufig wechseln; vorbeugend Boden lockern, lüften, mit Sand und Kompost verbessern, notfalls Dränage
	Vernässung, Verfilzung	Filz entfernen, vertikutieren, belüften
	Wurzelfraß durch Erdraupen, Larven von Wiesenschnaken	siehe Seite 75
	Wurzelnematoden	siehe Seite 75

Wie viele Krankheiten treten Hexenringe vor allem auf bei nassem, schlecht belüftetem und überdüngtem Boden.

Befallsgefahr am besten morgens.

- Keine übertriebene Düngung; vor allem Stickstoff, denn dieser für das Wachstum entscheidende Nährstoff wirkt im Übermaß schwächend. Schwingel-Arten vertragen etwas mehr, Rispengras-Arten weniger Stickstoff.
- Nicht zu tief mähen.
- Tolerante Rasensorten wählen.

Schneeschimmel
Vor allem nach der Schneeschmelze im Frühjahr wird erkennbar, dass unter der ausdauernden weißen Decke ein weißliches Pilzmycel mit dunklem Rand den Rasen überzogen hat, beginnend mit kleinen runden Flecken. Das Gras stirbt teilweise ab.
Vorbeugung: Spät im Sommer keine Düngung (insbesondere Stickstoff) und keinen Kalk verabreichen; den Rasen gemäht, aber nicht zu kurz in den Winter schicken; Rasenfilz entfernen.

Hexenring
Manche Hutpilze wie der Feldschwindling bilden mit den sichtbaren Fruchtkörpern einen auffälligen Kreis im Rasen. Während das Gras in der nach innen folgenden Zone zunächst oft dunkelgrün ist, kann es weiter im Zentrum abgestorben sein. Der Kreis vergrößert sich von Jahr zu Jahr.
Vorbeugung: Rasenfilz entfernen; Vorbeugung allgemein.

Rotspitzigkeit
Die Halme verfärben sich bei feuchtem Klima strohgelb bis bräunlich, Gräser sterben in unregelmäßigen Flecken teilweise ab. Später erscheinen an den Blattspitzen rötliche Pilzfäden mit geweihartiger Struktur.
Vorbeugung: Nicht zu häufig und zu tief mähen, stattdessen für eine ausgewogene Düngung und Bewässerung sorgen.

Rostkrankheiten
In trockenen Sommern erscheinen auf den Halmen stäubende Pusteln, häufig rötlich gefärbt; zuerst in Nestern, später sich flächig ausbreitend, vor allem nach Trockenperioden.
Vorbeugung: Regelmäßig mähen und bei Bedarf beregnen; keine übertriebene Stickstoffdüngung.

Blattflecken-Krankheiten
Sammelbegriff für verschiedene Pilzerreger, die unterschiedlich geformte und gefärbte Flecken auf den Halmen hervorrufen. In der Folge können größere Rasenbereiche absterben.
Vorbeugung: Siehe allgemein.

Tierische Rasenschädlinge

Besonders hinterhältig sind Schädlinge, die man nicht sieht. Die einen, weil sie im Boden leben, und andere, wie die

Bei genauem Hinsehen lassen sich die Symptome der Rotspitzigkeit deutlich erkennen. Weniger mähen beugt vor.

Ameisen wühlen beim Nestbau den Boden auf und können sogar Schäden an den Graswurzeln verursachen.

Unterirdisch lebende Insektenlarven wie die der Wiesenschnake führen durch Wurzelfraß zu Kahlstellen.

Wurzelgallenälchen, weil sie so winzig sind. Diese mikroskopisch kleinen **Fadenwürmer** (Nematoden) können Schäden anrichten, indem sie an den Wurzeln saugen und dabei Gallen erzeugen (Mai/Juni). An der Oberfläche wird der Graswuchs in einem begrenzten Bereich lichter, angesichts der geschwächten Bewurzelung reagiert der Rasen immer empfindlicher auf Beanspruchung und Trockenheit. Da keine Pflanzenschutzmittel zugelassen sind, empfiehlt sich an den betroffenen Stellen das Abstechen der Wurzelschicht mit anschließender Neuansaat.

Insektenlarven

Vor allem in lockeren, sandigen Böden können **Ameisen** an den Rasenwurzeln Schäden verursachen. Die Nester lassen sich zum Beispiel in einen umgestülpten Blumentopf locken und dann mit der Schaufel an einen weniger sensiblen Platz umsiedeln.

Verschiedene Insektenlarven schädigen den Rasen im Boden. Die gefräßigen Larven der unbeholfenen, langbeinigen **Wiesenschnaken** *(Tipula)* führen recht häufig zu Ausfällen. Sie leben unterirdisch und fressen ab April Grashalme ab. Mit einer Mischung aus Weizenkleie mit etwas Zucker lassen sie sich anlocken. Nachts kann man sie dann von diesen Köderhäufchen ablesen.

Erdraupen (Larven des Eulenfalters), Drahtwürmer (Larven des Schnellkäfers) und Larven des Gartenlaubkäfers fressen hauptsächlich an den Wurzeln; alle drei sind für den Laien nicht so leicht voneinander zu unterscheiden.

Eine dichte und nicht zu kurze Rasennarbe erschwert den Insekten die Eiablage. Bei sehr hoher Befallsdichte kann man die Übeltäter von einem Pflanzenschutzamt identifizieren und sich über Gegenmaßnahmen informieren lassen. Unter anderem gibt es ein Präparat mit nützlichen Nematoden.

Regenwurm-Häufchen

Indirekte Schäden im Rasen entstehen durch Erdanhäufungen. Die kleinste Form davon sind die Hinterlassenschaften des Regenwurms: Die Erdwühler zersetzen in größerem Umfang organische Reststoffe und scheiden sie in Form von wertvollen Ton-Humus-Komplexen wieder aus. Grundsätzlich sind die wenige Zentimeter großen Häufchen daher ein gutes Zeichen.

Dennoch mögen sich Rasen-Puristen an der Verunreinigung stören. Sie brauchen nur dafür zu sorgen, dass keine organischen Abfälle auf dem Rasen

Manchen Rasenfan mögen die winzigen Kothäufchen des Regenwurms stören. Eigentlich aber stellt dieses Erdgemisch das Nonplusultra eines humosen Substrats dar.

Eine solche Hügellandschaft ist nicht nur ein Schönheitsfehler: In den Erdhöhlen vertritt man sich auch leicht das Bein.

landen, wie Herbstlaub oder auch gemulchter Rasenschnitt, und dass der Boden locker und durchlässig ist.

Maulwurfshügel

Dramatischer wird es bei der Hügellandschaft, die Maulwürfe oder Wühlmäuse gelegentlich in Rasen hinterlassen. Äußerlich sind die Schäden nicht so leicht zu unterscheiden: Gänge und Häufen der Wühlmäuse sind flacher, der Ausgang ist bei ihnen eher seitlich des Hügels statt in der Mitte. Der Maulwurf repariert einen benutzten Gang innerhalb weniger Stunden, wenn man ihn probehalber verwühlt.

Für die Konsequenzen ist der Unterschied erheblich: Bei den Pflanzen fressenden Wühlmäusen kann man im Notfall Fallen stellen oder gar Giftköder auslegen, während der überwiegend nützliche Maulwurf zu den geschützten Arten gehört und bestenfalls vertrieben werden darf. Beide Wühler fühlen sich zum Beispiel durch intensive Nutzung der Fläche oder durch die Anwesenheit von Katzen und Hunden gestört.

Sind die Haufen – häufig nach dem Winter – bereits aufgeworfen, so bleibt nichts anderes übrig, als sie mit Stiefeln und Rechen einzuebnen und größere Fehlstellen nachzusäen.

Umgang mit Pflanzenschutzmitteln

Rechtliche Grundlage für den Einsatz von Pflanzenschutzmitteln sind das Pflanzenschutzgesetz und die Pflanzenschutz-Anwendungsverordnung. Hinzu kommen Regelungen der einzelnen Bundesländer. Da sich die Zulassung von Pflanzenschutzmitteln je nach Anwendungsbereich ständig verschärft, empfiehlt es sich, im Bedarfsfall aktuelle Informationen bei den zuständigen Ministerien für Landwirtschaft oder den Pflanzenschutzämtern (eventuell via Internet) einzuholen.

In der Regel sollte es bei der Anwendung von Pflanzenschutz-

mitteln weder zu kalt noch zu heiß, weder nass noch ausgetrocknet sein. Herbizide werden nicht direkt vor oder nach dem Mähen angewandt.
Beachten Sie die Hinweise auf den Verpackungen!
Der Trend geht bei den Verordnungen dahin, die Anwendung von umweltschädlichen Pestiziden im Hausgarten zu erschweren.

Intensive Rasenkultur – ohne Chemie

Für Freunde einer perfekten Rasenkultur mag dies Härten mit sich bringen. Am häufigsten werden sie geneigt sein, einen Unkrautvernichter einzusetzen; Präparate gegen einzelne Krankheiten und Schädlinge sind ohnehin kaum noch zugelassen. Auf der anderen Seite ist verständlich, dass die flächenintensive Rasenkultur kein Freiraum sein darf für umweltschädliche Präparate. Nicht zuletzt sollte jeder Gärtner im Auge behalten, dass es sich auch beim Rasen um ein lebendiges System handelt. Als solches erscheint er nicht immer ganz perfekt. Und durch Schaffung geeigneter Bedingungen lässt es sich dauerhafter regulieren als durch den kurzfristigen Einsatz der chemischen Feuerwehr.

Flickwerk am grünen Teppich

Durch besondere Beanspruchung entstehen häufig Kahlstellen im Rasen, zum Beispiel dort, wo beim Fußballspielen das Tor ist. Aber auch Unkräuter, Trockenheit, Krankheiten oder Schädlinge können zu lokalen Ausfällen führen. Dann bleibt dem Gartenbesitzer nicht viel anderes übrig, als nachzusäen.
Wer ganz konsequent ist, beginnt auf diesen Teilflächen ganz von vorne – entfernt alten Bewuchs, bereitet den Untergrund entsprechend vor und sät dann die ursprüngliche Samenmischung ein (siehe Seite 17). Es verspricht allerdings auch Erfolg, in die lichte alte Grasnarbe einzusäen, wenn man eine speziell für die Rasenerneuerung geeignete Samenmischung verwendet. Zur Nachsaat dauerhaft belasteter Flächen setzt man wegen seiner Durchsetzungskraft bevorzugt Weidelgras ein: Es läuft schnell auf, bevor sich andere Pflanzen breit machen können, und ist äußerst belastbar.

Zur Nachsaat den Rasen tief mähen, Verfilzungen entfernen und schließlich eine Sand-Kompost-Mischung einrechen.

Nachsäen Schritt für Schritt

Als Vorbereitung für die Nachsaat sollten Sie den Rasen so tief mähen, wie es die Umstände erlauben. Anschließend wird mit einem Rechen oder besser Vertikutierer der Boden aufgeraut und Schnittgut sowie Unkräuter und Verfilzungen werden entfernt. Dann können Sie nach Bedarf einsäen, das heißt: je lichter die Narbe, desto mehr Saatgut ist zu verwenden. Saatgut unter der Bezeichnung »Novaflor« setzt sich unter den beschriebenen Bedingungen besonders rasch durch. Manche der geeigneten Mischungen sind bereits mit einem Startdünger versehen; andernfalls darf zusätzlich gedüngt werden.
Die Samen werden nochmals eingerecht, etwa 1 cm hoch mit

Die Nachsaat kleiner Flächen lässt sich von Hand bewältigen. Die Samen sollten angedrückt und feucht gehalten werden.

lockerer, humoser Erde überdeckt, gut angedrückt und kräftig eingeregnet. Bis alle gekeimt sind, sollte die Fläche durchgehend feucht bleiben. Nach etwa sechs Wochen ist die Erneuerung gelungen.

Schnellreparatur mit Rasensoden

Noch schneller geht es mit Hilfe von Rasensoden, die an anderer Stelle abgetragen wurden, oder mit käuflichem Rollrasen.
Bei Anwendung dieser Methode müssen die schadhaften Stellen großzügig ausgestochen werden, um sie durch gleich große und identisch hohe Stücke zu ersetzen. Einzelheiten zum Verlegen siehe Seite 35.

Rasenpflege im Jahreslauf

Nach einem langen, nassen Winter ist der Anblick des Rasens oft nicht der schönste. Rechen Sie ihn ab und befreien ihn dabei von Maulwurfshügeln, abgebrochenen Ästen, Blättern und anderen Verunreinigungen. Außerdem kann man verfilzte Pflanzenteile herausreißen und den Boden belüften (siehe Seite 63).
Dem aufgerauten Boden lässt sich jetzt gut eine erste stickstoffbetonte Düngegabe verabreichen. Bei trockener Witterung sollte sie gut eingewässert werden.

Rasenmäher startklar?

Nach diesem Reinemachen darf der erste Schnitt vorgenommen werden. Zuvor muss man allerdings erst den Rasenmäher aus dem Winterlager holen und auf seinen ersten Einsatz vorbereiten, sodass er möglichst beim ersten Versuch anspringt – auftanken, eventuell frische Zündkerzen einsetzen usw. (siehe Seite 56).
Beim ersten Schnitt sollten Sie nicht kurz mähen. Wenn erforderlich, kann mit dem zweiten Schnitt, ein bis zwei Wochen später, eine Moosbekämpfung durchgeführt werden. Danach wird wieder die normale Schnitthöhe eingestellt. Solange im Frühjahr die Feuchtigkeit vorherrscht, ist es wichtig, dass das Schnittgut vom Rasen entfernt wird.

Der Rasen im Sommer

Im Sommer geht die Rasenpflege in Routinearbeiten über: Regelmäßig mähen und – das kommt neu hinzu – bei anhaltender Trockenheit beregnen. Bei intensiver Rasenkultur darf im Übrigen zu Beginn des Sommers (Mai/Juni) eine zweite

Es ist nicht selbstverständlich, dass der Rasenmäher im Frühjahr ohne Zögern anspringt.

Düngegabe verabreicht werden. Wenn nicht beregnet werden kann oder soll, sollte man den Rasen auch nicht zu kurz mähen. Längere Halme überstehen den trockenen Sommer besser.
Einen erkennbar verfilzten Rasen sollten Sie auch im Sommer vertikutieren und belüften.

Nachsommer-Kur

Nach einem heißen Sommer mit viel Sport, Spiel und Entspannung ist der Rasen von der intensiven Nutzung ziemlich mitgenommen. Jetzt braucht er eine Erholungskur.
Der erste Schritt besteht darin, den frisch gemähten Rasen zu vertikutieren. Das abgestorbene Gras und Moos werden sorgfältig entfernt. Außerdem können Sie bei der Gelegenheit Unkräuter ausstechen.
Damit sich die Gräser neu bestocken und die gerupfte Narbe rasch wieder schließt, kann man das Wachstum nochmals durch eine Düngung anschieben. Die letzte Gabe im Übergang zum Herbst, zwischen Juli und Anfang September, sollte jedoch kalibetont sein: Kalium bewirkt eine Stärkung des Zellgewebes und verbessert die Frosthärte.
Notfalls können Kahlstellen noch einmal nachgesät werden.

Das Laub sollte vor Wintereinbruch abgerecht werden, weil sich darunter leicht Pilzkrankheiten ansiedeln.

So geht der Rasen in den Winter

Die Rasengräser wachsen zum Saisonende langsam weiter, solange es die Witterung zulässt. Unter dem Einfluss von Frost und Schnee stirbt dann ein Teil der Halme ab. Damit davon keine Fäulnis ausgehen kann, sollte man den Rasen möglichst noch lange mähen. Bei Bedarf kann auch nochmals vertikutiert werden.
Der Grasschnitt ist dabei unbedingt zu entfernen. Gleiches gilt für das abgefallene Laub: Es wird rechtzeitig vor Wintereinbruch abgerecht, denn unter einer Laubschicht siedeln sich leicht Pilzkrankheiten an.

Winterruhe

Grashalme gefrieren bereits bei geringen Frostwerten. Wird der Rasen in diesem Zustand betreten, können die Halme unterhalb des Vegetationspunkts brechen. Die Folge: Wenn im Frühjahr das Wachstum beginnt, werden die Trittstellen als braune Flecken erkennbar. Solche Verletzungen sind außerdem ideale Eintrittspforten für Krankheitskeime. Der Frost alleine dagegen kann bei uns wenig Schaden anrichten.
Nutzen Sie die gartenarbeitslosen Wintermonate für eine Hauptinspektion des Rasenmähers (siehe Seite 56).

auf einen blick

- Vertikutieren ist eine wichtige Maßnahme, die schlechtem Wachstum und Schäden vorbeugt.
- Durch Einarbeiten von Sand lässt sich die Bodendurchlässigkeit verbessern.
- Zierrasen ist bei anhaltender Trockenheit zu wässern.
- Zier- und Strapazierrasen müssen mindestens einmal stickstoffbetont gedüngt werden.
- Vorbeugend gegen Krankheiten nicht zu tief schneiden.
- Kahlstellen lassen sich nachsäen.

Blühende Wiesen

Malen Sie das Bild des Hochsommers in den eigenen Garten: eine Wiese, aus der die bunten Blüten von Margeriten und Glockenblumen, Lichtnelken und Skabiosen hervorleuchten. Ein ständiges Summen und Zirpen bezeugt die Anwesenheit Tausender emsiger Blütenbesucher.

Blütenreichtum in vielen Varianten

Wiesen sind äußerst spannende Ökosysteme: Auch wenn sie auf den ersten Blick völlig natürlich wirken – die Pflanzengesellschaften aus Gräsern und Kräutern konnten über die Jahrhunderte erst durch die landwirtschaftliche Tätigkeit des Menschen entstehen. Entscheidend ist der regelmäßige Schnitt oder die Beweidung, denn auf ungestörten Flächen entwickelt sich zunächst ein Strauchbestand und langfristig Wald.
Dennoch: Die Lebensgemeinschaft der Wiese orientiert sich in wesentlich höherem Maße an natürlichen Vorbildern als der Rasen. Denn Blütenpflanzen bleiben nur dann dauerhaft am Standort, wenn sie mit den Bedingungen zurechtkommen, die primär vom Untergrund abhängen. Auf einem Sandboden wachsen ganz andere Blumen als auf einem schweren Lehmboden.

◀ Wiesen-Glockenblumen, Rotklee, Margeriten und Wiesen-Pippau sind einfache Blumen, die für ein fröhlich-buntes Erscheinungsbild sorgen.

Wissen über Wiesen

Botaniker und Pflanzensoziologen unterscheiden über 300 verschiedene Wiesentypen. Ursache für die Vielfalt sind folgende Faktoren, die in verschiedenen Kombinationen zusammentreffen können:

- Bodenstruktur (leicht/Sand, mittel/Lehm, schwer/Ton)
- Bodenfeuchtigkeit (trocken, frisch, feucht)
- Licht und Wärme (Sonne bis Schatten, Neigung, Gehölzrand)
- pH-Wert und Kalkgehalt
- Nährstoffgehalt, insbesondere Stickstoff (mager bis fett)
- Landwirtschaftliche Nutzung (kein/seltener/häufiger Schnitt, Beweidung)

Erst durch landwirtschaftliche Tätigkeit und jährlichen Schnitt entstanden die Pflanzengesellschaften der Wiesen.

Im Umkehrschluss ist es für den Gärtner wichtig, wie viele Mähgänge die Wiesenpflanzen vertragen. Während nämlich manche eine häufige Mahd nicht lange überleben, lassen sich andere wie Klee oder Gänseblümchen auch bei wöchentlichem Schnitt kaum verdrängen.

Kurzer Überblick: Wiesentypen in der Natur
Beginnen wir mit der feuchtesten Variante: Die **nährstoffreiche Feuchtwiese** bietet unter anderem mit Trollblumen, Kuckuckslichtnelken, Schlangenknöterich und Großem Wiesenknopf ein fröhliches Bild. Diese Gesell-

Vorbild einer natürlichen, nährstoffreichen Feuchtwiese. Hier gedeihen unter anderem Kuckuckslichtnelke und Schlangenknöterich.

schaft lässt sich bei schweren Böden anstreben, bei denen ein Abmagern des Bodens nicht möglich ist.
Nahe verwandt dazu sind die **Hochstaudenfluren,** wie sie sich vor allem am Ufer von Bächen und Gräben entwickelt haben. Mädesüß, Kohldistel und Blutweiderich gehören zu den charakteristischsten Erscheinungen.
Den Übergang zu den trockeneren Standorten bilden die so genannten **Glatthaferwiesen:** Auf frischen Böden wachsen typische Wiesenbewohner wie Wiesen-Kerbel, -Pippau, -Labkraut, -Margerite, -Storchschnabel, -Glocken- und -Flockenblume.
Diese Gemeinschaft verträgt zwei- bis dreimaliges Mähen.
Relativ trocken wird es schon bei einer **wärmeliebenden Saumgesellschaft** an Wald- und Heckenrändern, in der unter anderem Schafgarbe, Johanniskraut, Pimpinelle und Wilder Majoran gedeihen. Solche Übergangsbereiche bieten gerade in kleinen Gärten die Möglichkeit für eine bunte, naturnahe Wiesengemeinschaft auf engem Raum.
Ausgesprochen trockene und nährstoffarme Böden führen uns zu den **Magerrasen.** Der Silikat-Magerrasen ist neben einigen Schwingelgräsern vor allem die Heimat von Gebirgspflanzen.
Allgemein eignet sich der **Kalkmagerrasen** besser als Vorbild. Neben anspruchslosen Arten wie Mauerpfeffer, Habichtskraut und Zypressen-Wolfsmilch findet man hier auch Preziosen wie Kartäusernelke, Küchenschelle und Wiesensalbei sowie Knabenkräuter und andere heimische Orchideen.
Von selbst siedeln sich häufig die Arten der **Ruderalflora** an: Königskerze, Beifuß, Wegwarte, Natternkopf, Rainfarn, Wilde Möhre, Karde und Co. sind spezialisiert auf vom Menschen geschaffene Lebensräume wie Wegränder, Schutt- oder Kiesflächen. Sie passen daher sowohl zu natürlichen Gärten als auch zu den Wohngebäuden.

Je ärmer der Boden, desto reicher die Vielfalt

Die größte Artenvielfalt trifft man in der Natur an warmen, aber nährstoffarmen Standorten an; am artenreichsten sind kalkhaltige Magerwiesen. Infolge der Vielfalt finden sich auch zahllose Insekten und andere Tiere ein.
Der Schnitt hier beschränkt sich auf höchstens zwei Mahden im Jahr (Anfang Hochsommer/

Frühherbst). Eine Fettwiese auf nährstoffreichem Untergrund hingegen muss aufgrund des kräftigeren Wuchses mindestens dreimal jährlich geschnitten werden. Sie beherbergt eine vergleichsweise geringe Artenzahl.

Blüten für Menschen und Tiere

Die Blüten der Wiesenkräuter sind eine wichtige Nahrungsquelle für Schmetterlinge, Bienen, Hummeln und ähnliches Kleingetier. Sogar ein lästiges Wurzelunkraut wie die Quecke fordert Respekt, wenn man weiß, dass sie 81 Tierarten Nahrung bietet.

Ein reicher Insektenbestand dient wiederum Vögeln, Igeln, Kröten und anderen Fleischfressern zur Nahrung. Wenn sich diese Nützlinge im Garten ansiedeln, sorgen sie dafür, dass Schädlingskalamitäten nicht so leicht ausufern. Die wilde Flora ist also nicht nur aus ästhetischen Gründen begrüßenswert, sondern trägt auch zur Gesundheit der übrigen Gartenpflanzen bei.

Der trockene Wegrand stellt einen unwirtlichen Lebensraum dar, der erst allmählich von den Arten der Ruderalflora erobert wird.

Wiesensaatgut für jeden Standort

Theoretisch könnte man in die Landschaft gehen und die Samen der schönsten Wiesenblumen sammeln, um sie im eigenen Garten auszusäen. Aber dabei gibt es mehrere Hindernisse.

Zum einen muss man die Eigenschaften des geplanten Gartenstandorts genau kennen, um zum richtigen Zeitpunkt die geeigneten Pflanzen zu beernten. Und zum anderen sind die meisten Wiesenblumen geschützt. Wer von solchen Arten Samen sammeln will, müsste also erst bei der zuständigen Naturschutzbehörde die Erlaubnis einholen. Saatgut im Fachhandel zu kaufen ist also allemal empfehlenswerter.

Unterschiedliche Qualitäten

Innerhalb der angebotenen Saatgutmischungen gibt es erhebliche Qualitätsunterschiede. Die Preise schwanken nicht zufällig zwischen 20 und 60 Cent pro Quadratmeter, vereinzelt bis zu 1 Euro. Bei kleinen Flächen sind die Unterschiede verkraftbar, bei großen können sie kräftig zu Buche schlagen.

Wichtige Wiesenblumen

Art	Standortansprüche
Schafgarbe *(Achillea millefolium)*	frisch, nährstoffreich, sonst anspruchslos
Odermennig *(Agrimonia eupatoria)*	mager, trocken
Kriechender Günsel *(Ajuga reptans)*	frisch, schattenverträglich
Färberkamille *(Anthemis tinctoria)*	mager, kalkhaltig
Wiesenkerbel *(Anthriscus silvestris)*	frisch, nährstoffreich
Wundklee *(Anthyllis vulneraria)*	trocken, kalkhaltig
Gänseblümchen *(Bellis perennis)*	frisch, nährstoffreich, auch im Halbschatten
Ochsenauge *(Buphthalmum salicifolia)*	Gehölzrand
Wiesen-Glockenblume *(Campanula patula)*	nährstoffarm
Pfirsichbl. Glockenblume *(Campanula persicifolia)*	warmer Halbschatten, kalkreich
Rundbl. Glockenblume *(Campanula rotundifolia)*	schattenverträglich
Wiesenschaumkraut *(Cardamine pratensis)*	frisch, nährstoffreich, auch im Halbschatten
Wiesenkümmel *(Carum carvi)*	feucht, nährstoffreich
Wiesen-Flockenblume *(Centaurea jacea)*	sauer, trocken, auch im Halbschatten
Skabiosen-Flockenblume *(Centaurea scabiosa)*	halbtrocken
Wegwarte *(Cichorium intybus)*	Pionier, v. a. am Wegrand
Kronwicke *(Coronilla varia)*	Gehölzrand, mager
Wiesen-Pippau *(Crepis biennis)*	frisch, auch im Halbschatten
Wilde Möhre *(Daucus carota)*	Pionier auf frischen Böden, auch im Halbschatten
Karthäusernelke *(Dianthus carthusianorum)*	mager, trocken
Natternkopf *(Echium vulgare)*	trocken, warm
Wiesenlabkraut *(Galium mollugo)*	sauer, frisch, nährstoffreich, auch im Halbschatten
Wiesen-Storchschnabel *(Geranium pratense)*	frisch, nährstoffreich, auch im Halbschatten
Blut-Storchschnabel *(Geranium sanguineum)*	Gehölzrand, trocken
Gundelrebe *(Glechoma hederacea)*	frisch, nährstoffreich
Wiesen-Bärenklau *(Heracleum sphondylium)*	lehmig
Getüpfeltes Johanniskraut *(Hypericum perforatum)*	Gehölzrand, trocken, kalkfliehend

Art	Standortansprüche
Witwenblume *(Knautia arvensis)*	lehmig, auch im Halbschatten
Wiesenmargerite *(Leucanthemum vulgare)*	frisch
Hornklee *(Lotus corniculatus)*	sauer, sandig
Kuckucks-Lichtnelke *(Lychnis flos-cuculi)*	feucht, auch im Halbschatten
Moschusmalve *(Malva moschata)*	Säume und Wegränder, vielseitig
Sichel-, Gelbklee *(Medicago-*Arten)	trocken, mager
Esparsette *(Onobrychis viciifolia)*	trocken, mittlere Böden
Kugelige Teufelskralle *(Phyteuma orbiculare)*	mager, kalkhaltig
Kleine Bibernelle *(Pimpinella saxifraga)*	sauer, sandig
Spitzwegerich *(Plantago lanceolata)*	frisch, allg. anspruchslos
Aufrechtes Fingerkraut *(Potentilla recta)*	sauer, trocken, kalkarm
Braunelle *(Prunella vulgaris)*	frisch, nährstoffreich, allg. anspruchslos
Küchenschelle *(Pulsatilla vulgaris)*	trocken, mager, kalkhaltig
Scharfer Hahnenfuß *(Ranunculus acris)*	nährstoffreich, auch im Halbschatten
Wiesensalbei *(Salvia pratensis)*	halbtrocken, kalkhaltig
Kleiner Wiesenknopf *(Sanguisorba minor)*	mager, kalkhaltig
Skabiose *(Scabiosa columbaria)*	nicht zu trocken
Löwenzahn *(Taraxacum-*Arten)	nicht zu trocken
Quendel *(Thymus serpyllum)*	sauer, sandig
Wiesenbocksbart *(Tragopogon pratensis)*	lehmig
Weiß-, Wiesenklee *(Trifolium repens)*	frisch, nährstoffreich
Gamander-Ehrenpreis *(Veronica chamaedrys)*	Gehölzrand, auch im Halbschatten

Gräser	Standortansprüche
Ruchgras *(Anthoxanthum odoratum)*	auch im Halbschatten
Zittergras *(Briza media)*	eher trocken, anspruchslos
Aufrechte Trespe *(Bromus erectus)*	trocken, mager
Goldhafer *(Trisetum flavescens)*	nährstoffreich

Diese Sommerblumenmischung übertrifft mit ihren knalligen Farben eine natürliche Wiese um Längen. Dafür muss sie jährlich neu auf offenem Boden angesät werden.

Am besten heimische Arten
Manche Mischungen werden mit billig erzeugten Samen aus anderen Erdteilen angereichert. Wenn deren Erbgut in die freie Landschaft gerät, kommt es zur so genannten Florenverfälschung. Aber auch schon innerhalb Deutschlands sind Einheitsmischungen problematisch. Selbst wenn die Pflanzengesellschaft in der Lüneburger Heide zum Teil die gleichen Arten aufweist wie auf einer Alpenwiese, so handelt es sich doch oft um unterschiedliche Rassen. Deshalb wäre es wünschenswert, vom Samenzüchter heimisches, züchterisch nicht verändertes Saatgut garantiert zu bekommen.

Universalmischungen

Bei Universalmischungen für Blumenwiesen muss man davon ausgehen, dass sich auf Dauer nur ein Bruchteil der enthaltenen Pflanzenarten durchsetzt, nämlich der, dem die Standortverhältnisse zusagen. Der Rest wurde zwar zugesetzt, um für alle Eventualitäten gewappnet zu sein: feucht oder trocken, nährstoffarm oder -reich, sauer oder basisch. Aufgrund unzureichender Bedingungen kommen viele Arten dann jedoch nicht zum Gedeihen.

Kurzfristige Verlockungen
Manche Anbieter von Blumenwiesen-Saatgut mischen einen hohen Anteil einjähriger Pflanzen ins Saatgut, die sofort für bunte Blüten sorgen. Das Bild eines solchen Kornblumen-Klatschmohn-Meers auf der Samentüte verlockt natürlich zum Kauf. Und auch in der Praxis sieht eine solche Mischung auf Anhieb wesentlich attraktiver aus.
Der Haken an der Sache ist, dass sich solche Arten nur im ersten Jahr auf offenem Boden halten; die wahre Qualität der Samenmischung erweist sich erst ab dem zweiten Jahr. Gemeinsam mit einem hohen Anteil an Klee und Gras jedoch behindern diese farbenfrohen Einjährigen sogar oft die Ansiedlung langlebiger Wiesenblumen.

Standortspezifische Mischungen

Erfahrene Blumenwiesen-Züchter bieten Zusammenstellungen für bestimmte Standortverhältnisse an, zum Beispiel vom feuchten und nahrhaften Boden bis hin zum trockenen, mageren Untergrund. So gibt es Mischungen von Arten, die sich für **Feuchtwiesen** eignen, eine **Fettwiesenmischung** in Anlehnung an Glatthaferwiesen, eine **bäuerliche Blumenwiese** für nährstoffreiche Böden, **Magerwiesen** für Böschungen und Wegraine, für kalkarme oder für kalkhaltige Bedingungen, ja sogar **Steppen-**

oder **Felsenrasen.** Jede dieser Wiesenmischungen enthält etwa 20 bis 30 Blütenpflanzen und einige Gräser.
Ein wichtiger Kleinstandort für Wiesengesellschaften sind, wie schon betont, die **Säume.** Kein Wunder daher, dass es auch für solche Bereiche spezielle Mischungen gibt – für trockene und besonders sonnige oder für feuchte Säume.
Natürlich dürfen **halbschattige Blumenwiesen** nicht fehlen. Da die Gärten eher kleiner werden, kommen oft nur Randbereiche als Wiesenfläche in Frage, und in der Enge zwischen Gebäuden und Gehölzen ist mit viel Schatten zu rechnen. Entsprechend diesem Bedarf haben sich Wiesenblumen-Züchter bemüht, hübsche Arten für Flächen zusammenzustellen, die nur wenige Stunden am Tag besonnt sind. Freilich darf man nicht dieselbe Blütenvielfalt erwarten wie in voller Sonne.

Naturnahes Wohnerleben ist die Belohnung für die Bewohner eines Hauses, in dessen direkter Nachbarschaft eine dauerhafte Blumenwiese blüht.

Individuelle Zusammenstellung

Die größten Erfolgsaussichten für eine dauerhaft attraktive Wiese besteht, wenn man sich das Saatgut anhand einer Standortanalyse von einem bekannten Wiesenspezialisten (z. B. Syringa, Berggarten) zusammenstellen lässt.
Natürlich muss man dafür ein bisschen mehr zahlen, und auch die normalerweise vorangehende Bodenuntersuchung kostet Geld. Mit deren Hilfe aber lassen sich exakte Angaben machen über:

- Nährstoffgehalte
- Feuchtigkeit
- pH-Wert
- Bodenart
- Besonnung
- Höhenlage
- Geländeneigung
- Größe der Fläche
- regionale Lage, natürliche Umgebung

Auf dieser Basis lassen sich aus den Erfahrungen der Wiesenspezialisten geeignete Arten finden, die genau für den jeweiligen Standort prädestiniert sind. Machen Sie sich die Mühe – eine ebenso stimmige wie individuelle Wiesenflora wird es Ihnen jahrelang mit ihren fröhlichen Blüten danken.

Den Rasen zur Wiese abmagern

Um den artenreichsten Naturstandorten möglichst nahe zu kommen, empfiehlt es sich, den Untergrund auszuhungern, indem Sie möglichst viele Nährstoffe abschöpfen. Eine solch langwierige Umerziehung erfordert allerdings eine Menge Geduld.

Immer seltener mähen

Wer sich dazu durchringt, seltener zu mähen, befindet sich auf dem richtigen Weg. Denn die meisten Wildpflanzen stecken es nicht ohne weiteres weg, regelmäßig »geköpft« zu werden.
Zunächst allerdings wird der bestehende Rasen häufig gemäht und das Schnittgut entfernt, um Nährstoffe zu entziehen. Düngen ist verboten; stattdessen kann man wiederholt etwas Sand einstreuen.
Im zweiten oder dritten Jahr dürfen Sie schon seltener mähen, etwa fünf- bis sechsmal, wodurch die Wiese so hoch wächst, dass ein normaler Rasenmäher nicht mehr ausreicht. Spätestens ab dem vierten Jahr sollten Sie nur noch zweimal mähen.

Bei der ersten Ansaat nach dem Abmagern prägen oft noch einjährige Ackerunkräuter wie Mohn, Kornblume und Kornrade das Bild.

Eine langwierige und unsichere Entwicklung
Meist dauert es sechs Jahre und länger, bis die langsam umerzogene Pflanzengesellschaft dem Bild einer Blumenwiese nahe kommt. Und: Es blüht nicht immer das, was man sich gewünscht hat! Daher ist zu empfehlen, sich nicht zu eng an

idealisierte Vorstellungen zu klammern. Entdecken Sie stattdessen den Reiz, die stetige Entwicklung einer solch komplexen Wiesengesellschaft zu beobachten!
Durch gezielte Einpflanzung oder Einsaat von Wiesenstauden können Sie die Umwandlung beschleunigen. Dazu wird die geschlossene Pflanzendecke nach dem Mähen mit Rechen oder Krail gründlich aufgerissen, an manchen Stellen sogar abgehoben. Es lohnt sich meist, zusätzlich Sand und in geringen Mengen Kalk einzustreuen. Einpflanzungen nimmt man am besten im Frühjahr vor; Einzelheiten zur Einsaat im folgenden Abschnitt. Denken Sie daran, dass eingesetzte Blumenzwiebeln (siehe Seite 36) den Frühlingsaspekt entscheidend bereichern.

Unterstützend zur Nährstoffabfuhr können Sie im Anschluss an den zweiten Schnitt im September den Klappertopf *(Rhinanthus)* einsäen: Dieser Halbschmarotzer sichert seine Wasser- und Nährstoffversorgung mit Hilfe des Wurzelwerks von Gräsern. Dadurch schwächt er diese und beschleunigt das Abmagern.

Blumenwiesen-Neuansaat auf nacktem Boden

Auf einem unbewachsenen Boden kommen Sie am zielsichersten zu einer Wiese. Bei der Neuanlage im Anschluss an einen Hausbau ist es wichtig, etwaige Verdichtungen mechanisch, durch Zusätze (Sand, Humus) oder eine Gründüngung aufzulockern.
Oder aber Sie gestalten bestehende Pflanzungen um. Bei einem bisherigen Rasen kann man die Wurzelschicht in Soden abstechen. Mit weniger Arbeits-, aber größerem Zeitaufwand lassen sich Flächen vom Bewuchs befreien, indem man sie mehrere Monate mit Pappe oder einer undurchsichtigen Folie abdeckt.

Auch hier: Boden möglichst abmagern

Natürlich sollte auch zur Neuansaat der Untergrund möglichst nährstoffarm sein; ein zuvor intensiv gedüngtes Gemüsebeet wäre kein geeigneter Standort für eine artenreiche Wiese. Zum Abmagern kann man bei einem offenen Boden in größeren Mengen Sand oder Splitt einmischen. Wenn Stroh untergegraben wird, entzieht der Rotteprozess dem Boden Stickstoff.

Blumenwiesen-Saatgut ist uneinheitlicher als das von reinem Rasen. Ansonsten gelten ähnliche Regeln.

In jedem Fall sollten Sie die Fläche umgraben und sorgsam von Wurzelunkräutern befreien.

Zeit für die Aussaat

Zwei Wochen nach der Bodenbearbeitung können Sie die geeignete Wildblumenmischung einsäen. Der richtige Zeitpunkt dafür sind wie beim Rasen die Monate von April bis Anfang Juni, aber auch der Spätsommer bis in den September eignet sich (siehe auch Seite 29). Mischen Sie zum Ausstreuen von Hand etwas Sand zum Saat-

gut; dadurch lässt sich eine Menge von 1–2 g (manchmal auch 5–10 g) leichter gleichmäßig auf einem Quadratmeter verteilen. Das Saatgut wird keinesfalls tiefer als einen halben Zentimeter eingerecht; in der Regel genügt gutes Andrücken. Danach sollten Sie die Fläche mindestens sechs Wochen lang gleichmäßig feucht halten. Gedüngt wird nicht! Im ersten Jahr brauchen Sie nur noch einmal im Herbst zu mähen. Wo das Saatgut nicht ausreichend aufgegangen ist, kann im zweiten Jahr nachgesät werden.
Sie sollten allerdings sowieso nicht erwarten, dass die Blumenwiese gleich im Jahr nach der Aussaat einen geschlossenen, reich blühenden Bestand bildet. Bis sich eine stabile Gemeinschaft gebildet hat, dauert es auch mit dieser Methode letztlich drei bis fünf Jahre.

Die teuerste Methode: Pflanzwiese

Wiesen kann man auch pflanzen, und das geschieht gar nicht so selten. Denn im öffentlichen Grün oder bei anspruchsvollen Gärtnern muss oft gleich »etwas zu sehen sein«, und das lässt sich per Aussaat nicht erreichen. Freilich ist es ziemlich teuer, eine Wiese, gar eine großflächige, mit einzelnen vorgezogenen Pflänzchen zu bestücken. Im Notfall kann man sich daher oft mit einem Kompromiss anfreunden: Es werden einzelne Stauden gepflanzt, die den Eindruck des Unbewachsenen verscheuchen und erste Blüten zeigen. Und der Großteil der übrigen Fläche wird normal eingesät.

Eine hohe Aussaatdichte hat zwar den Vorteil, dass sich der Bestand schneller schließt und Ausfälle rasch wettgemacht werden. Der Nachteil liegt jedoch nicht nur in höheren Kosten. Besonders bedauernswert wäre, wenn unter der bedrängenden Konkurrenz die zarteren Blümchen auf der Strecke blieben.

Eine Pflanzwiese ist arbeitsaufwändig und teuer. Die Methode führt aber in kürzester Zeit zu einem Ergebnis, das nicht dem Zufall unterliegt – mit gestalteten Blüteninseln.

Die billigste Methode: Heumulch

Das Schnittgut einer landwirtschaftlichen Wiese, zum richtigen Zeitpunkt geschnitten, enthält die Samenstände der dort wachsenden Arten. Wenn man also im Hoch- und Spätsommer mäht und diesen Heumulch auf einer Fläche auslegt, die etwa zwei- bis dreimal so groß ist wie die gemähte, siedelt sich unter Umständen eine Wiese an. Das Ganze funktioniert allerdings nur auf nährstoffarmen Böden mit dem Schnittmaterial einer ebensolchen Magerwiese.
Wenn man Mähgut von Wiesen aus der Umgebung verwendet, dann ist diese Ansiedlungstechnik sehr billig und ökologisch sinnvoll. Dieses sinnvolle Handeln wird allerdings dadurch erschwert, dass geeignete Magerwiesen in der Regel unter Naturschutz stehen. Die Genehmigung für die nötige Entnahme muss meist der Naturschutzbehörde abgerungen werden.

Es lohnt sich, alle fünf bis sechs Jahre etwa einen Monat später zu mähen, sodass nach der Blüte die Samen ausreifen und für frischen Nachwuchs sorgen können.

Sachgerechte Pflege einer Blumenwiese

Wie wir bereits wissen, ist zur Erhaltung einer artenreichen Wiese Düngung nicht nur überflüssig, sondern ausgesprochen kontraproduktiv. Anstatt zu düngen, wird man eher die Maßnahmen zum Abmagern des Bodens weiterführen.
Eine echte Blumenwiese braucht nur zwei- bis dreimal im Jahr gemäht werden. Nicht häufiger, aber auch nicht seltener.

Wann wird gemäht?

Magerwiesen werden erst im Juli so hoch, dass man sie schneiden muss. Die gut ernährten Fettwiesen müssen in der Regel bereits im Mai oder Juni erstmals gemäht werden, im August ein zweites Mal. Der letzte Schnitt erfolgt bei beiden Varianten im September/Oktober. Natürlich ist es möglich, einzelne Bereiche im Blütenmeer durch häufigeren Schnitt so kurz zu halten, dass man sie als Wege nutzen kann.

Kleinere Wiesenflächen lassen sich grundsätzlich mit der Hand mähen. Allerdings ist zum Sensen etwas Übung erforderlich.

Mit einer artenreichen Blumenwiese bekommt man farbenprächtige Falter wie den Admiral wesentlich häufiger zu Gesicht als mit einem perfekten Rasen.

Rücksicht auf die Tierwelt

In einer artenreichen, blühenden Wiese leben Unmengen von Insekten und anderen Kleintieren. Bei der vollständigen Mahd nimmt man ihnen mit einem Schlag die Lebensgrundlagen. Mit Rücksicht auf die oft nützlichen und wertvollen Geschöpfe empfiehlt es sich also, die Wiese nicht mit einem Schnitt abzusäbeln. Sinnvoll wäre stattdessen, zunächst nur eine Hälfte zu mähen und die andere erst im Abstand von zwei bis drei Wochen.

Achtung – Sensen oder andere Wiesenmäher sind nicht nur für den Anwender gefährlich, sondern auch für Tiere, die sich im hohen Gras verstecken! Daher sollten Sie die Mähstrecke gut beobachten und schon vorher viel Staub aufwirbeln, damit Kaninchen und insbesondere Jungtiere von Kleinsäugern rechtzeitig flüchten.

Stroh rottet schlechter

Das Schnittgut sollte unbedingt abgerecht werden. Weder Mulch- noch Düngeeffekt sind auf einer Wiese erwünscht.

Wie lang die Halme sind, hängt letztlich von der Mähertechnik ab. Lange dünne Stängel erfüllen ihren Zweck als Mulch auf einem Gemüsebeet sehr unzulänglich und sehen auch nicht besonders gut aus.

Dennoch kann das Mähgut kleiner Flächen selbst verwertet werden. Heu ist viel strohiger als Rasenschnitt, das heißt trockener und mit einem deutlich höheren C/N-Verhältnis ausgestattet. Wenn Sie es kompostieren wollen, sollten Sie daher feuchteres, stickstoffreicheres Material als Ausgleich oder direkt Wasser und organischen Stickstoffdünger zusetzen. Bei großen Flächen ist zu überlegen, ob das Material über die kommunalen Grüngutabfälle entsorgt oder einem Tierhalter übergeben werden kann.

auf einen blick

- Eine vielfältige Wiese ist gleichzeitig ein wertvoller Lebensraum für Kleintiere.
- Die Auswahl geeigneter Pflanzenarten orientiert sich an den Standorteigenschaften. Je individueller die Saatgutmischung, desto größer die Erfolgsaussichten.
- Die größte Pflanzenvielfalt entwickelt sich auf mageren Böden.
- Wiesen können langsam »umerzogen«, angesät oder gar gepflanzt werden.
- Einzige Pflegemaßnahme ist der zwei- bis dreimalige Schnitt mit leistungsfähigen Mähern.

Bezugsquellen, Adressen und Literatur

Die aufgelisteten Adressen erheben keinen Anspruch auf Vollständigkeit.

Bezugsquellen

Rasen-Saatgut

Bayerische Futtersaatbau
Max-von-Eyth-Str. 2–4
85737 Ismaning
www.bsv-saaten.de
(Expona Rasenprogramm und Blumenwiesen)

DSV – Deutsche Saatveredelung
Lippstadt-Bremen GmbH
Weißenburger Straße 5
59557 Lippstadt
www.rasen.de

JULIWA – HESA GmbH
Mittelgewannweg 13
69123 Heidelberg-Wieblingen
www.juliwa-hesa.de

N.L. Chrestensen
Postfach 854
99008 Erfurt

WOLF-Garten
GmbH & Co KG
EUROGREEN
Industriestraße 83-85
57518 Betzdorf/Sieg
www.wolf-garten.de

Saatgut-Mischungen für Blumenwiesen

Blauetikett Bornträger
Postfach 4
67591 Offstein
www.blauetikett.de

Conrad Appel GmbH
Samen und Pflanzen
Brandschneise
64295 Darmstadt

Fa. Sperling
Postfach 2640,
21316 Lüneburg
www.sperli-samen.de
(Blumenwiesen mit Sommerblumen)

Hof Berg-Garten
Großherrischwand
Lindenweg 17
79737 Herrischried
www.hof-berggarten.de

Syringa
Dipl. Biol. Bernd Dittrich
Bachstraße 7
78247 Hilzingen-Binningen
www.syringa-samen.de

Rasenmäher und andere Geräte

Agria
Bittelbronner Str. 44
74219 Möckmühl
www.agria.de

AL-KO
Geräte GmbH
Ichenhauser Str. 14
89359 Kötz
www.AL-KO.de

AS-Motor
74420 Oberrot
www.as-motor.de

Brill
Gartengeräte GmbH
Därmannsbusch 7
58456 Witten
www.brillgarten.de

Gutbrod/MTD
Motorgeräte
Industriestr. 9–11
73054 Eislingen/Fils
www.mtdeurope.com

Honda Deutschland
Sprendlinger Landstr. 166
63069 Offenbach
www.honda.de

Husqvarna Elektrolux Motor
Julius-Hofmann-Str. 4
97469 Gochsheim
www. husqvarna.de

John Deere
John-Deere-Str. 10
76646 Bruchsal
www.johndeere.de

SABO
Auf der Höchsten 22
51645 Gummersbach
www.sabo-online.com

Solo Kleinmotoren GmbH
Stuttgarter Str. 41
71069 Sindelfingen
www.solo-germany.com

Stiga
(nur über Vertretungen)
www.stiga.de

Viking-STIHL
Robert-Bosch-Str. 13
64807 Dieburg
www.viking-garden.com

Wolf-Geräte
Industriestraße 83-85
57518 Betzdorf/Sieg
www.WOLF-Garten.com

Bewässerungssysteme und Zubehör

Gardena-Kress und Kastner GmbH
Hans-Lorenser-Straße 40
89079 Ulm
www.gardena.com

Perrot Regner
(im Fachhandel)
www.perrot.de

Adressen

Deutsche Rasengesellschaft (DRG) e.V.
Postfach 201463
53144 Bonn
www.rasengesellschaft.de

Literatur

FLL-Broschüre »Regel-Saatgut-Mischungen Rasen« und Sortenbeschreibung
Zu beziehen bei:
Forschungsgesellschaft Landschaftsentwicklung Landschaftsbau e. V. (FLL)
Comantstr. 32
53115 Bonn

Rasenlexikon von A – Z
von Heynen/Bocksch
Leinfelden-Echterdingen, 1996
Zu beziehen bei:
Deutsche Gartenakademie
Postfach 100156
70745 Leinfelden
www.tools-portal.com/de/Rasenlexikon

R. Witt/B. Dittrich: Blumenwiesen.
BLV, München, 1996

Stichwortverzeichnis

Zahlen mit * verweisen auf Abbildungen

Bildnachweis:
Fa. AS-Motor: 52o
Baumjohann: 29m, 30ur, 50o, 74u, 75l, 75r
Borstell: 2/3, 38o
Fa. Brill: 4u, 43
Fa. Gardena : 66
Hinz: 91
Fa. Honda: 47o
Fa. Husqvarna: 55o
Krohme: 22
Pforr: 39
Redeleit: 4o, 7, 8, 9o, 11o, 11u, 19, 26, 29u, 30or, 31u, 32, 33, 35o, 35u, 37l, 42, 46, 48, 49u, 50m, 50u, 52u, 55u, 56l, 56m, 56r, 57, 61, 64, 65u, 67o, 67u, 69, 72o, 72u, 73, 76u, 78o, 78u, 88, 90
Reinhard: 5, 6, 21l, 21r, 37r, 40, 41, 44, 47u, 70, 71, 74o, 76o, 79, 80, 81, 82, 83, 85, 86, 89
Stein: 10, 17, 20, 24, 25, 27o, 27u, 29o, 30ol, 30ul, 31o, 34, 38u, 58, 60, 62, 63, 65o, 87
Sulzberger: 12l, 12r, 18, 36, 77
Sulzberger Franz.: 9u
Fa. Viking: 45, 49o, 54
Fa. Wolf-Garten: 1, 51, 53u

Bibliographische Information
Der Deutschen Bibliothek
Die Deutsche Bibliothek verzeichnet diese Publikation in der Deutschen Nationalbibliografie; detaillierte bibliografische Daten sind im Internet über http://dnb.ddb.de abrufbar.

Grafiken: Heidi Janiček;
außer Seite 23, Sylvia Bespaluk

BLV Verlagsgesellschaft mbH
München Wien Zürich
80797 München

Umschlagkonzeption: Studio Schübel, München

Umschlagfotos: Borstell (Vorderseite oben und unten)
Reinhard (Rückseite)

Layoutkonzept Innenteil:
Studio Schübel, München

Lektorat: Dr. Thomas Hagen
Herstellung: Hermann Maxant

Layout: Anton Walter, Gundelfingen
Satz: DTP-Design Walter, Gundelfingen
Reproduktionen:
Repro Ludwig, A-Zell am See

Gedruckt auf chlorfrei gebleichtem Papier

Printed in Germany ·
ISBN 3-405-16607-1

Das Leben im Garten genießen

Tobias Gold / Martina Bäumler
Lazy – So leicht kann Gärtnern sein
Genießen statt schwitzen – schöne Gärten mit wenig Aufwand: einfache Gestaltungsideen, pflegeleichte Pflanzen, die wichtigsten Gartenarbeiten Schritt für Schritt, Feste feiern im Garten.

Dorothée Waechter
Lazy – Die Pflanzen
148 robuste und pflegeleichte Pflanzenarten, die die Gartenarbeit erleichtern.

Dorothée Waechter
Garten fix!
Der schnelle Weg zum schönen Garten: clevere Lösungen für alle Gartenbereiche; Pflanzen im Porträt, Gestaltungstricks, Pflegepraxis Schritt für Schritt.

Reinhard Witt
Der Naturgarten
Das Praxisbuch: Idee und Planung, Anlage Schritt für Schritt, Gestaltungsideen für alle Gartenbereiche, Naturerlebnis- und Spielgärten für Kinder, schöne Naturgarten-Beispiele – private Gärten und öffentliche Anlagen. Empfohlen von Naturgarten e.V.

Rosa Wolf / Fotos: Ursel Borstell
Gartenpflanzen Praxis-Handbuch
Ein Muss für jeden Gärtner – das Handbuch mit Langzeitnutzen: über 450 Blumen und Gehölze in ausführlichen Porträts, Kombinations- und Gestaltungsbeispiele mit Pflanzplänen für typische Gartenbereiche, Pflegekalender.

Christiane Widmayr / Anneliese Kompatscher
Kinder und Gärten
Gartenspaß für Kinder: die besten Ideen zum Spielen, Bauen, Austoben, Entdecken, Feiern, Basteln, Kochen; Baumhäuser und andere Unterschlupfe, Sandplätze, Wasserrutschen, Schaukeln usw.; Tiere beobachten, Basteleien rund ums Jahr, Pflanzen und Ernten – mit Rezepten.

blv garten plus
Rosa Wolf
Sitzplätze im Garten
Schöner Wohnen im Grünen: Sitzplätze für verschiedene Gartenbereiche planen, gestalten, bauen und verschönern – von Gartenbank und Hängematte bis zu Laube und Pavillon; Pflanzen und Gartenmöbel.

Im BLV Verlag finden Sie Bücher zu den Themen: Garten und Zimmerpflanzen • Natur • Heimtiere • Jagd und Angeln • Pferde und Reiten • Sport und Fitness • Wandern und Alpinismus • Essen und Trinken

blv

Ausführliche Informationen erhalten Sie bei:

BLV Verlagsgesellschaft mbH • Postfach 40 03 20 • 80703 München
Tel. 089 / 12705-0 • Fax 089 / 12705-543 • http://www.blv.de